Pfarrbücherei – Rehhof

Sasha Walleczek

Die Walleczek Methode
Das Kochbuch

Fotografiert von Thomas Maria Laimgruber

Ueberreuter

ISBN 978-3-8000-7328-3

Alle Urheberrechte, insbesondere das Recht der Vervielfältigung, Verbreitung und öffentlichen Wiedergabe in jeder Form, einschließlich einer Verwertung in elektronischen Medien, der reprografischen Vervielfältigung, einer digitalen Verbreitung und der Aufnahme in Datenbanken, ausdrücklich vorbehalten.

Cover und grafische Gestaltung: Claudia Stockinger, www.claudiastockinger.at
Fotos: Thomas Maria Laimgruber, www.laimgruber.com
Copyright © 2008 by Verlag Carl Ueberreuter, Wien
Druck: Druckerei Theiss GmbH, A-9431 St. Stefan i. L.
7 6 5 4

Ueberreuter im Internet: www.ueberreuter.at

FÜR MEINE MUTTER UND MEINEN VATER

Inhaltsverzeichnis

EINLEITUNG	8
MUTTER (NATUR) HAT IMMER RECHT!	11
DIE WALLECZEK-METHODE – DIE REGELN	14
KOCHSCHULE	21
REZEPTE	
Frühling	30
Sommer	60
Herbst	94
Winter	132
5 Minuten vor Ladenschluss	162
GLOSSAR – UNTERSCHIEDLICHE BEZEICHUNGEN IN ÖSTERREICH UND DEUTSCHLAND	188
INDEX	189
DANKSAGUNG	191
SASHA WALLECZEK	192

Liebe Leserin, lieber Leser

Ich muss Ihnen etwas gestehen: Ich habe ein Problem mit der »gesunden Ernährung«. Stellen Sie sich vor, ich esse etwas, Sie fragen mich, wie es schmeckt, und ich sage Ihnen: »Gesund!« Was geht Ihnen da durch den Kopf? Gesund heißt da doch gleich: schmeckt nicht oder zumindest schmeckt langweilig – und der einzige Grund, es zu essen, ist, weil es »gut für uns« ist. Ein schrecklicher Gedanke. Deswegen habe ich ein Problem mit der gesunden Ernährung.

Denn dass etwas »gesund« ist, sollte bei den meisten Mahlzeiten selbstverständlich sein, und wenn es gut schmeckt, dann muss man das nicht dauernd dazusagen. Ich koche immer gesund – und meinen Gästen ist das bestimmt noch nie aufgefallen, denn das Wichtigste war immer, dass es auch ausgezeichnet schmeckt.

Das ist meiner Meinung nach auch das beste und einzige Argument, um die »gesunde Ernährung« unwilligen Ehepartnern und Kindern, die prinzipiell nichts mögen, »unterzujubeln«. Glauben Sie mir: Versuchen Sie erst gar nicht, Ihre Familie mit dem Argument »aber es wäre so gut für dich« davon zu überzeugen, etwas zu essen. Sorgen Sie einfach dafür, dass es gut schmeckt – der Rest ergibt sich dann ganz von allein.

Ich bin eigentlich meistens eine recht faule Köchin: Bei mir muss es schnell gehen, es muss einfach sein und ich mag es nicht, wenn ich zu viele Töpfe und Pfannen schmutzig mache – für mehr habe ich oft auch einfach nicht die Zeit. Daher sind alle Rezepte in diesem Buch unkompliziert und die meisten sehr schnell zu machen. Rezepte, die länger dauern, sind dafür entweder besonders einfach und dauern oft nur deswegen länger, weil etwas im Ofen brät (z. B. Brathuhn, Seite 156) oder ziehen muss (Hühnersalat mit Koriander, Seite 38) – das macht aber nicht mehr Arbeit. Oder Sie sind so köstlich, dass ich finde, dass es das bisschen Mühe wert ist (z. B. Kaninchen-Eintopf, Seite 126).

Darüber hinaus habe ich die Erfahrung gemacht, dass viele Menschen nicht kochen können, nicht mal die einfachsten Dinge. Daher ist dieses Buch für die Faulen, wie mich, und für die, die noch nie wirklich gekocht haben. Also wenn auch Sie bisher nur Fertiggerichte und Tiefkühlpizza warm gemacht haben: Das ist das Buch für Sie. Die meisten Kochtechniken (wenn man ein so großes Wort für das, was wir hier tun, überhaupt verwenden kann) werden am Anfang erklärt, der Rest geht dann ganz einfach.

Das Buch »Die Walleczek-Methode. Ohne Diät zum Wunschgewicht« ist durch meine Arbeit mit den vielen Kandidaten meiner TV-Sendung, meinen Klienten an meinem Ernährungsinstitut in Wien und durch mein jahrelanges Interesse an »optimaler Ernährung« enstanden. Es liefert Ihnen die genauen Details, warum und wie viel man wovon essen sollte, warum Diäten nicht funktionieren, und es gibt auch Tipps und Tricks für das Leben außerhalb Ihrer vier Wände, für Büro, Einladungen und Restaurant.

Viele Leser des ersten Buches haben mich darauf angesprochen, dass sie unbedingt noch mehr Rezepte haben möchten, denn anscheinend fehlen manchmal einfach die Ideen, wie man die »gesunde« Küche auch noch gut schmecken lassen kann. Hier sind also über 100 nicht nur gesunde, sondern hoffentlich vor allem auch leckere neue Rezepte.

Die Rezepte sind nach Jahreszeiten geordnet, damit man beim Lesen ein paar Ideen bekommt, wie man saisonale Nahrungsmittel vermehrt in den Speiseplan einbauen kann. Das ist nicht nur viel gesünder, das macht das Leben auch spannender. Ganz hinten gibt es dann die Kategorie »5 Minuten vor Ladenschluss«: Rezepte für die Momente, in denen man eigentlich weder Zeit zum Einkaufen, noch zum Kochen hat. Mit diesen Rezepten gibt es dann keine Ausreden mehr, zu Fertiggerichten oder Take-Away greifen zu müssen, denn die meisten Zutaten hat man zu Hause, den Rest bekommt man in fast jedem Supermarkt und die Zubereitung geht ganz schnell.

Und das Tollste: Alle Rezepte in dem Buch sind nicht nur einfach, schnell und schmackhaft – sie sind auch alle so berechnet, dass sie zu 100% in die Walleczek-Methode passen. Sie wissen ja, was das heißt: keine Listen, keine Punkte, kein Grammzählen, nicht mal genaues Abwiegen ist erforderlich – Sie können einfach drauf los kochen. Und wer abnehmen möchte, macht das mit diesen Gerichten ganz nebenbei.

Gesundes Essen schmeckt gut, ist leicht zuzubereiten und macht Spass – denn es ist auch kinder- und einladungstauglich. Natürlich basiert das Ganze auf einem System und davon gibt's gleich zu Anfang eine kurze Zusammenfassung. Was dahinter steckt ist vielleicht ein wenig vielschichtiger und komplexer – die Umsetzung aber ist ganz einfach.

Viel Erfolg! Und: gutes Gelingen!

Ihre Sasa

Mutter (Natur) hat immer recht!

Ich bin der festen Meinung, dass unser Körper genau weiß, was er braucht. Unser Körper ist um ein Vielfaches intelligenter, als wir ihm zutrauen. Und wenn wir nur endlich darauf vertrauen würden, dass er schon weiß, was er braucht, dann wären abnehmen und die »richtige Ernährung« überhaupt kein Problem mehr.

Ihr Körper weiß genauso sicher, was er braucht, wie er weiß, wie oft er zu atmen hat oder wie oft das Herz schlagen muss. Oder wann haben Sie sich zu Mittag das letzte Mal gedacht: Ich sollte am Abend wirklich ein paar Minuten die Luft anhalten, ich glaube, ich habe zu Mittag ein wenig zu viel Sauerstoff geatmet? (Das erinnert mich daran: Ich darf heute nicht vergessen, meine Fingernägel ein bisschen wachsen zu lassen). Absurd, oder? Genauso absurd ist es, zu glauben, wir müssten unserem Körper vorschreiben, wie viel er zu brauchen hat. Das weiß er genauso exakt, wie er NIE zu viel atmet oder aus Versehen zu viele Muskeln aufbaut. Aber (Sie wussten gleich, dass es da ein »Aber« gibt, oder? Das klang einfach zu gut, um wahr zu sein ...) das gilt meiner Erfahrung nach nur dann, wenn der Körper nicht »drogenabhängig« ist, also so an bestimmte Genussmittel gewöhnt ist, dass er glaubt, sie zu brauchen – wie z. B. Zucker, Kaffee, Alkohol oder Nikotin – bzw. wenn Sie nicht versuchen, den Körper »auszutricksen«. Denn wie soll er Ihnen ein vernünftiges Signal geben, dass er heute – vielen Dank! – schon genug Fett bekommen hat, wenn das, was zwar nach Fett schmeckt, eigentlich gar kein Fett ist, weil Sie schon wieder versucht haben, ihn mit Diätprodukten, die zwar cremig schmecken, aber leider kein Fett (und die damit verbundenen wichtigen fettlöslichen Vitamine) enthalten, auszutricksen. Das verwirrt natürlich. Und das nächste Mal, wenn er dann etwas bekommt, das nach Fett schmeckt, gibt er kein Signal mehr, dass er genug hat – und Sie essen immer mehr und mehr und mehr.

Steinzeitmenschen

Ein klitzekleines Problem gibt es aber dennoch: Unser Körper hat sich seit der Steinzeit nur wenig weiterentwickelt, d. h. wir sind »Steinzeitmenschen«, die sich viel, aber nicht zu schnell bewegen sollten, die jagen und sammeln und für die Weißbrot, Eiscreme und der tägliche Kaffee in weiter Ferne liegen.

Wir haben uns und unser Leben so weit von dem entfernt, wofür wir gebaut sind, dass es nicht mehr selbstverständlich ist, dass unser Körper uns die richtigen Signale sendet. Oft wird er auch missverstanden, und wenn der Teufelskreis aus Diäten, Heißhungerattacken, »Genussmitteln« und Stress einmal in Gang gesetzt wurde, braucht es ein System und ein paar Grundregeln, um den Körper wieder zurück ins Gleichgewicht zu bringen. Dazu dient die Walleczek-Methode. Sie ist dazu da, Ihren Körper wieder dorthin zu bringen, wo er Ihnen selbst sagen kann, was er braucht.

Lernen, um zu vergessen

Die meisten Dinge, die wir lernen, lernen wir, um sie zu »vergessen«. Wenn Sie Schreibmaschine schreiben können, dann sagen Sie mir doch einmal ganz schnell: Wo ist das »K«? Na, kommen Sie! Ganz schnell! Wo ist die Taste? Sie werden bemerken, dass Sie darüber nachdenken müssen, und vielleicht wissen Sie es gar nicht ganz genau. Aber wenn Sie einen Satz tippen, dann machen Ihre Finger das ganz automatisch – und das ist gut so. Denn wenn Sie jedes Mal aktiv darüber nachdenken müssten, wo die »K-Taste« liegt, wäre es Ihnen unmöglich, einen ganzen Satz zu tippen. Es ist also ein wesentlicher Aspekt des Lernprozesses, dass Sie den Inhalt »vergessen« und sich das Ganze automatisiert.

Das Gleiche gilt auch fürs Autofahren. Anfänglich, wenn man Autofahren lernt, muss man sich noch sehr darauf konzentrieren, wo das Gaspedal, wo die Bremse und wo die Kupplung ist. Man ist völlig damit beschäftigt, ans Schalten, Lenken, Blinken und Kuppeln zu denken, und hat kaum Zeit, sich um den Verkehr zu kümmern. Irgendwann wird das automatisiert. Sie können ein ausgezeichneter Autofahrer sein und dabei trotzdem kurz nachdenken müssen, wenn Sie schnell gefragt werden, ob die Bremse links oder rechts ist.

Genauso sollte es mit der optimalen Ernährung sein. Ja, es gibt ein paar Regeln, die dem Ganzen zugrunde liegen, aber wenn diese Regeln mit den Prinzipien des Körpers arbeiten und nicht ständig dagegen (wie bei den meisten Diäten), dann automatisiert sich das Ganze. Sie brauchen nicht mehr großartig darüber nachzudenken, was Sie essen sollen, denn Sie essen einfach das, was Ihnen schmeckt, und machen es damit automatisch die meiste Zeit richtig (und für die anderen Momente gibt es ja die 80/20-Regel; siehe Seite 16).

Aber auch das Autofahren lernt man nicht zu Stoßzeiten im Stadtverkehr, denn damit wäre man völlig überfordert. Autofahren lernt man meist auf einem Parkplatz. So kann man sich langsam, Schritt für Schritt, daran gewöhnen. Die meisten Menschen machen bei einer Ernährungsumstellung den Fehler, dass sie versuchen, »Autofahren im Stoßverkehr zu lernen«. Sie nehmen sich viel zu viel auf einmal vor. Und wenn sie dann ihre 15 neuen Vorsätze nicht alle durchhalten (wie denn auch, war ja viel zu viel auf einmal!), dann geben sie alles wieder auf, weil es zu kompliziert und zu schwierig ist. Autofahren ist auch schwierig – vor allem, wenn Sie es bei einem Autorennen lernen wollen.

Also, nehmen Sie sich nicht zu viel auf einmal vor und genießen Sie Schritt für Schritt Ihren Weg zu mehr Gesundheit und Wohlbefinden!

Die Walleczek-Methode – die Regeln

Hier sind die wichtigsten Regeln der Walleczek-Methode. Warum welche Regel so wichtig ist, erkläre ich ausführlich im Buch »Die Walleczek-Methode. Ohne Diät zum Wunschgewicht«. Hier nur eine kurze Zusammenfassung.

DIE HAUPTREGELN

1. HALTEN SIE SICH BEI DEN HAUPTMAHLZEITEN AN DIE FAUSTREGEL.

Nach der »Faustregel« isst man zu einer Hauptmahlzeit Eiweiß in der Größe und Dicke der eigenen Handfläche (nur die Handfläche, keine Finger dazu!), dazu maximal eine Faustgröße stärkehaltige Kohlenhydrate und dazu mindestens zwei Fäuste Gemüse. Ein Stück Fleisch, Fisch oder Tofu sollte also ungefähr so groß wie Ihre Handfläche sein. Dazu essen Sie stärkehaltige Kohlenhydrate, das sind z. B. Kartoffeln, Nudeln, Reis, Brot, Knödel oder anderes Getreide. Die Portion ist nicht größer als Ihre Faust. Wer sehr große Hände hat, orientiert sich an der Größe eines Tennisballs. Komplettiert wird die Mahlzeit durch mindestens zwei Fäuste gekochtes oder rohes Gemüse, also Gemüsebeilagen oder z. B. Salat.

Leider bekommt man das in den seltensten Fällen genau so im Restaurant oder in der Kantine serviert; Sie können sich das aber fast überall leicht selbst zusammenstellen. Wenn Sie z. B. als Vorspeise einen Blattsalat mit einem Stück Brot essen und zur Hauptspeise ein Stück Fleisch mit Kartoffeln (und evtl. noch mehr Gemüse) essen wollen, dann darf das Stück Brot mit den Kartoffeln zusammen nicht größer als Ihre Faust sein.

2. ESSEN SIE ZU JEDER MAHLZEIT EIN WENIG EIWEISS.

Es ist aus den verschiedensten Gründen wichtig, zu jeder Mahlzeit ein wenig Eiweiß (= Protein) zu essen, aber es sollte nicht immer Fleisch oder Wurst sein. Zu Eiweiß gehören neben Fleisch und Wurst auch Fisch, alle Milchprodukte, Eier, Hülsenfrüchte (Bohnen, Linsen, Kichererbsen, Soja), Nüsse, Samen und Quinoa. Idealerweise essen Sie nicht öfter als 5 Mal pro Woche Fleisch oder Wurst und zu den restlichen 30 Mahlzeiten andere Eiweißquellen (vorausgesetzt, Sie halten sich an Regel Nr. 3 – mehrere kleinere Mahlzeiten). Nehmen Sie sich doch für den Anfang vor, nicht öfter als einmal pro Tag Fleisch oder Wurst zu essen – dann bleiben Ihnen an diesem Tag noch vier andere Mahlzeiten, zu denen Sie zwar Eiweiß essen sollten, das aber nicht Fleisch oder Wurst sein darf.

Wenn Sie also in der Früh ein gut belegtes Schinkenbrot essen möchten, muss der restliche Tag fleisch- und wurstlos sein. Wie wäre es z. B. mit einer Handvoll Haselnüsse mit einem Apfel am Vormittag, dem Linsensalat mit Pilzen und Spinat (Seite 104) zu Mittag, einem kleinen Joghurt mit einer halben Banane am Nachmittag und am Abend dem grün-weißen Bohneneintopf

(Seite 176), dem Thunfischauflauf (Seite 114) oder dem Kartoffel-Spinat-Gratin (Seite 46)? Wenn Sie mittags in einer Kantine essen, wo es meistens Fleisch gibt, dann sollten eben die anderen Mahlzeiten fleisch- und wurstlos sein: Wie klingt ein Omelett mit Feta und Spinat zum Frühstück, (Seite 34), Nüsse und Obst als Zwischenmahlzeit und am Abend eine schnelle Linsen-Tomatencremesuppe (Seite 182)?

Sie brauchen pro Gramm (mageres) Körpergewicht ca. 1 g Eiweiß pro Tag – eine Frau mit 60 kg braucht also ca. 55–60 g. Wenn Sie sich an die Walleczek-Methode halten, brauchen Sie da nicht mitzuzählen, das ergibt sich von allein – aber als Anhaltspunkt ist das enthaltene Eiweiß bei jedem Rezept angegeben. Eine genauere Eiweißliste finden Sie auch auf: **www.diewalleczekmethode.com.**

3. NEHMEN SIE MEHRERE, DAFÜR KLEINERE MAHLZEITEN ZU SICH.
Ideal wäre es, wenn Sie ca. fünfmal am Tag zumindest eine Kleinigkeit essen würden.

4. ESSEN SIE NATURBELASSENE, VOLLWERTIGE NAHRUNGSMITTEL, also
z. B. Vollkornbrot, ungeschälten Reis und möglichst wenig Fertiggerichte und Zucker.
Ersetzen Sie Weiß- und Schwarzbrot durch Vollkornbrot, kaufen Sie ungeschälten Reis statt weißem Reis, vermeiden Sie Fertiggerichte, wo Sie nur können. Essen Sie im Restaurant lieber Kartoffeln als weißen Reis, greifen Sie im Brotkorb zum körnigeren Brot (auch wenn es vielleicht kein Vollkorn ist – es ist trotzdem wahrscheinlich noch immer besser als das Baguette), wählen Sie beim Bäcker das belegte Vollkornbrot statt der Semmel ... Es gibt fast überall Möglichkeiten, eine »bessere« Wahl zu treffen. Und wenn Sie schon unterwegs kaum die Möglichkeit haben, eine vollwertige Variante zu essen, dann ist es umso wichtiger, dass es zu Hause nur naturbelassene, vollwertige Nahrungsmittel gibt. Und die gibt's nicht nur im Bioladen, sondern inzwischen auch in jedem Supermarkt.

5. NIE HUNGERN, KEINE MAHLZEITEN AUSLASSEN. IMMER ESSEN, BIS SIE SATT, ABER NICHT »VOLL« SIND.
Diäten funktionieren nicht. Versuchen Sie also erst gar nicht, Ihren Körper auszutricksen. Wenn Sie Hunger haben, sollten Sie essen. Und zwar so viel, bis sie satt sind. Sie wollen ja, dass der Körper Ihnen sagt, was er braucht – das geht aber nur, wenn Sie auch zuhören.

6. HALTEN SIE SICH AN DIE 80/20-REGEL.

Die 80/20-Regel lautet: Machen Sie es die meiste Zeit richtig, dann können Sie hin und wieder tun und lassen, was Sie wollen. Es geht nicht darum, immer »heilig« und zu jeder Zeit diszipliniert zu sein. Auch Geburtstage, Weihnachten, faule Abende vor dem Fernseher gehören zum Leben dazu. Wenn Sie meistens alles richtig machen, fallen solche Ausnahmen wortwörtlich nicht ins Gewicht.

WEITERE WICHTIGE REGELN:

7. REDUZIEREN SIE IHREN KONSUM VON KOFFEIN, NIKOTIN UND ALKOHOL.

Kaffee, Nikotin und Alkohol heißen zwar »Genussmittel«, signalisieren dem Körper aber vor allem »Stress« und nicht »Genuss«. Sie stören die Signale Ihres Körpers, und er tut sich dann schwerer, Ihnen zu sagen, was er wirklich braucht, wenn Entzugserscheinungen und Heißhungerattacken dazwischenkommen.

Idealerweise trinken Frauen nicht mehr als eine Einheit Alkohol (= 1 kleines Glas Wein, 0,3 l Bier oder 2 cl Schnaps) pro Tag und ein Mann nicht mehr als zwei Einheiten. Wichtig dabei ist, dass diese Grenze pro Tag gilt und man sich leider nicht die Wochenration fürs Wochenende »sparen« kann.

Wenn Sie ohne Kaffee in der Früh nicht aus dem Bett kommen, dann ist es höchste Zeit, dass Sie es einmal ohne versuchen. Aber gehen Sie es langsam an: Denn je mehr Sie merken, wie sehr der Kaffee Ihnen fehlt, desto »süchtiger« waren Sie. Es spricht überhaupt nichts dagegen, hin und wieder eine Tasse Kaffee aus Genuss zu trinken, nur täglich ist er eben nicht empfehlenswert.

8. LASSEN SIE KEINEN MÜLL IN IHREN KÖRPER – LESEN SIE ETIKETTEN!

Vermeiden Sie Geschmacksverstärker, Konservierungsmittel und Farbstoffe, wo Sie nur können. Es ist ein guter Anfang, wenn Sie sich angewöhnen, bei neuen Produkten die Etiketten zu lesen. Sie werden überrascht sein, was da alles noch zusätzlich drin ist! Sogar so einfache Dinge wie eine Dose Bohnen oder Mais kommen heutzutage kaum noch ohne Zusatzstoffe (und oft Zucker!) aus. Es gibt sie aber auch »ohne« – seien Sie daher ein lästiger Konsument und lassen Sie sich nicht alles andrehen, was man Ihnen verkaufen will. Fragen Sie doch einfach mal ganz höflich nach, ob es auch Produkte »ohne« gibt – sehr oft kommen die Geschäfte den Wünschen der Konsumenten nach und plötzlich gibt es dann auch Produkte »ohne« in den Regalen.

9. ESSEN SIE SO WEIT ES GEHT VOLLBIOLOGISCHE NAHRUNGSMITTEL.

Wir sind zunehmend von Chemikalien umgeben. Da brauchen wir sie nicht auch noch zu essen. Kürzlich hat eine Untersuchung gezeigt, dass Weintrauben mit bis zu neun verschiedenen Spritzmitteln belastet sein können – ein Giftcocktail, der nicht nur für Insekten gefährlich ist.
Es ist fast unmöglich, sich völlig vollbiologisch zu ernähren, daher ist es hilfreich, Prioritäten zu setzen und gerade folgende Lebensmittel möglichst nur vollbiologisch zu essen:

- **Alles, was sehr fett ist, sollte möglichst vollbiologisch sein;** also Nüsse, Samen und alle Öle. Die Giftstoffe sammeln sich nämlich sehr gerne im Fett eines Nahrungsmittels.
- **Vollbiologisches Fleisch ist zwar meist wesentlich teurer, aber das ist es wert,** denn es schmeckt nicht nur viel besser, man stellt auch sicher, dass mit dem Leben der Tiere verantwortungsvoller umgegangen wird. Lieber seltener Fleisch essen, dafür bessere Qualität. Bei mir zu Hause gibt es ausschließlich vollbiologisches Fleisch und Wurst – wenn ich unterwegs bin und keinen Einfluss darauf habe, dann esse ich eben das, was ich bekomme (und dafür dann weniger Fleisch, außer ich kenne die Quelle).
- **Dinge, die man schlecht oder kaum waschen kann,** z. B. Weintrauben, Trockenfrüchte, Himbeeren.

10. ESSEN SIE SAISONAL UND REGIONAL.

Dinge, die jetzt Saison haben, dürfen länger reifen, werden nicht so weit transportiert und sind daher oft nicht nur nährstoffreicher, sie schmecken auch besser. Um Ihnen dazu ein paar Ideen zu geben, sind die Rezepte in diesem Buch nach Jahreszeiten geordnet.
Versuchen Sie, Gemüse- und Obstsorten, die zur Jahreszeit passen, in den Speiseplan einzubauen. Spargel und Erdbeeren im Frühsommer, Kürbis und Kastanien im Herbst, Kohl und Topinambur im Winter …
Die meisten Familien haben nicht mehr als zwölf verschiedene Speisen, die sie regelmäßig kochen. Zählen Sie einmal nach, Sie werden vielleicht gar nicht auf zwölf verschiedene Gerichte kommen! Dabei ist es besonders wichtig, möglichst große Vielfalt in den Speiseplan einzubauen. Regionale und saisonale Zutaten sind eine gute Möglichkeit dafür. Versuchen Sie doch, einmal pro Woche eine neue Zutat zu verwenden oder einmal pro Monat ein neues Gericht zu kochen – das schmeckt nicht nur gut, das bringt auch Abwechslung in den Speiseplan.

In vielen größeren Städten gibt es übrigens kostengünstige Lieferservices, die Ihnen einmal pro Woche eine Kiste mit regionalem, saisonalem und vollbiologischem Gemüse und Obst direkt vor die Wohnungstür liefern. Oft sogar mit passenden Rezeptideen dazu – eine gute und einfache Möglichkeit, mehr Vielfalt ins Leben zu bringen.

11. ESSEN SIE FRISCH GEKOCHTE MAHLZEITEN.

Kochen Sie so oft wie möglich selbst. Dieses Buch liefert Ihnen für den Anfang schon über 100 Ideen dazu. Heutzutage erlauben es die Lebensumstände den meisten von uns nicht, wirklich jeden Tag, wenn möglich auch noch Mittag- und Abendessen, zu Hause frisch zu kochen. Versuchen Sie daher, einfach das Beste daraus zu machen: Wenn Sie zu Hause sind, kochen Sie so oft wie möglich frisch (und nein, eine Brotzeit gilt dabei nicht als »frisch gekocht«), wenn Sie arbeiten, gehen Sie in ein Lokal oder eine Kantine, wo auch frisch gekocht wird. Wer möchte, kann sich auch Reste vom Abendessen zum Aufwärmen ins Büro mitnehmen – oft noch immer die bessere Alternative als Halbfertigprodukte mit Geschmacksverstärkern aus schlechten Kantinen.

12. ESSEN SIE TÄGLICH SOWOHL ROHES ALS AUCH GEKOCHTES GEMÜSE.

Essen Sie zu Ihrem belegten Brot ein paar Radieschen, Tomaten, Karotten oder Kohlrabi, bestellen Sie sich routinemäßig zu einer Hauptspeise immer einen Blattsalat, machen Sie Salat zu Hause zur ständigen Vorspeise, knabbern Sie zwischendurch statt an Obst auch mal an einer Karotte, einer Salatgurke oder einem Rettich, »löffeln« Sie Aufstriche oder Frischkäse mit Selleriestangen direkt aus dem Becher – es gibt viele Möglichkeiten, rohes Gemüse in den Tagesablauf einzubauen.

Wenn Sie bisher entweder zu faul waren, extra Gemüse zu kochen, oder für »schwierige Gemüseesser« kochen müssen, ein kleiner Tipp: Kochen Sie keine »Hauptspeise mit Beilage«, also zum Beispiel gebratenen Lachs (Seite 71) mit Brokkoli aus der Pfanne (Seite 128) und Kartoffeln, sondern eher Gerichte, bei denen das Gemüse schon eingebaut ist, wie zum Beispiel Shrimp Gumbo (Seite 150) oder Geschmortes Huhn Cacciatore (Seite 124). Das macht nicht nur das Kochen und vor allem Abwaschen einfacher, weil alles in einem Topf landet, sondern es ist auch viel schwieriger, die Gemüsebeilagen »herauszufischen«. Bei »Hauptspeise mit Beilage« ist es viel wahrscheinlicher, dass das Gemüse liegen bleibt und nur die Kartoffeln und der Lachs gegessen werden.

13. ERGÄNZEN SIE IHRE MÖGLICHST OPTIMALE ERNÄHRUNG MIT EINEM GUTEN MULTIVITAMIN-/MULTIMINERALPRÄPARAT.

Eine möglichst gute Ernährung muss die Grundlage sein, Vitamintabletten dürfen immer nur die Ergänzung sein. Mehr Informationen zur Produktauswahl und warum ich Nahrungsergänzungsmittel für wichtig halte, finden Sie unter www.diewalleczekmethode.com bzw. in »Die Walleczek-Methode. Ohne Diät zum Wunschgewicht«.

14. TREIBEN SIE ES BUNT! ESSEN SIE MÖGLICHST BUNT UND VIELFÄLTIG.

Greifen Sie nicht immer zu den gleichen drei Gemüse- und Obstsorten, sondern experimentieren Sie: Essen Sie Gemüse mit starken Farben, wie z. B. rote und gelbe Paprika, violette Auberginen, tiefgrünen Mangold, dunkelblaue Heidelbeeren, rote Himbeeren, tief orangefarbenen Kürbis usw. Und essen Sie auch Gemüse mit starkem Geschmack, wie Knoblauch, Ingwer, Chili, Rucola usw. Vielfalt macht das Leben interessanter – und nebenbei auch gesünder.

15. MACHEN SIE MINDESTENS 3 MAL PRO WOCHE FÜR MINDESTENS EINE HALBE STUNDE BEWEGUNG, DIE IHREN PULS MERKLICH ERHÖHT.

Wir sind Bewegungstiere und Sport gehört daher zum Leben. Aber das ist ein Kochbuch, deswegen möchte ich hier nicht mehr dazu zu sagen als: Kommen Sie in Bewegung! Und wenn es nur ein flotter Spaziergang 3 Mal pro Woche ist.

16. TRINKEN SIE GENUG.

Viele Menschen können Hunger- und Durstsignale nicht unterscheiden. Wie viel Sie trinken müssen, hängt von den verschiedensten Faktoren ab, z. B. Körpergröße, Gewicht, Aktivität, Jahreszeit, Raumklima usw.

Es gibt verschiedene »Trinktypen«: Manche trinken mehr, wenn Sie sich eine große Flasche mit dem Tagesbedarf (z. B. 1,5 Liter) auf den Schreibtisch stellen, andere finden eine so große Flasche abschreckend und füllen lieber ihre kleine Flasche 3–4 Mal pro Tag auf. Wie Sie es auch machen: Finden Sie heraus, was für Sie funktioniert, und trinken Sie mehr.

Meistens sollte das stilles, möglichst reines Wasser sein, es ist aber auch ok, wenn Sie hin und wieder Fruchtsäfte (direkt gepresst, kein Konzentrat, keine Sirupe) verdünnt trinken. Auch Kräuter- und Früchtetees sind ok. Aber am besten ist für unseren Körper noch immer Wasser, denn so hat Mutter Natur das für uns vorgesehen.

KOCHSCHULE

Kochschule

GRUNDAUSRÜSTUNG

Mit den richtigen Geräten geht das Kochen gleich viel leichter und macht auch mehr Spaß. Deswegen ein Tipp an Nicht-Köche: Versuchen Sie erst gar nicht, mit dem stumpfen Brotmesser und der völlig zerkratzten Pfanne zu kochen – damit geht's nicht so leicht von der Hand und es wird schwieriger, dass es auch gut schmeckt.

Wenn einen einmal der Koch-Virus gepackt hat, wird man sich zwar dauernd neue Geräte kaufen wollen, aber für die Rezepte in diesem Buch (und viele andere) braucht man nur eine kleine Grundausrüstung:

1–2 kleine Töpfe mit Deckel
1 größerer **Topf mit Deckel** (Nudeln und Suppen)
1 **größere Pfanne** (evtl. tiefer) mit Deckel
1–2 **Schneidbretter**
1 **scharfes, glattes Messer, das gut in der Hand liegt** – je nach Vorliebe groß oder klein. Mehr braucht man eigentlich nicht – ich schneide alles mit meinem Lieblingsmesser.
1 **Brotmesser**
1 **Kochlöffel aus Plastik, Holz oder Silikon** (nichts aus Metall, das zerkratzt Pfannen und Töpfe – nie mit einer Gabel oder einem Löffel in der Pfanne herumrühren, das macht sie kaputt und dann funktioniert sie nicht mehr so gut)
1 **Saucenbesen**
1 **Sieb** (zum Abseihen von Pasta, Waschen von Getreide und Hülsenfrüchten) oder evtl.
1 **Nudelsieb und 1 feines Sieb**
1 **größere Salatschüssel** (Glas, Porzellan, Stahl, auch Holz)
1 **Salatschleuder**
1–2 **kleinere Schüsseln**
1 **Pürierstab**
1 **Raspel/Hobel** (für Gemüse, Käse)

SEHR NÜTZLICH:
1 kleine Küchenmaschine, z. B. Moulinette (oft schon beim Pürierstab dabei)
1 Mörser (weil die Gewürze gleich viel besser schmecken ...)
FÜR DIE WUNSCHLISTE:
Große Küchenmaschine: sollte hacken und raspeln (fein, grob) können, auch Teigmesser

KOCHSCHULE

BRATEN

Braten heißt immer, dass Fett im Spiel und die Hitze recht groß ist. Dabei entstehen Röststoffe (also die »Kruste«), die zwar köstlich schmecken, aber eigentlich nicht so gesund sind. Allerdings schmecken Lebensmittel gleich ganz anders, als wenn sie z. B. nur gedämpft oder gekocht sind. Es ist daher oft wichtig, dass man z. B. Fleisch, Gemüse oder Zwiebeln zumindest kurz anbrät.

Beim Braten kommt es darauf an, wie viel und welches Fett man nimmt und wie heiß man es werden lässt. In vielen Rezepten in diesem Buch wird zwar etwas angebraten, aber eigentlich verwenden wir eine Technik, die ich »dampfbraten« nenne (Seite 25).

Zum Braten sollte man nur Fette verwenden, die hitzestabil sind. Das sind leider meist jene Fette, die auch keine besonders guten Eigenschaften haben. Auf der anderen Seite sind die guten Fette per Definition ja sehr hitzeempfindlich (mehr dazu in »Die Walleczek-Methode. Ohne Diät zum Wunschgewicht«), daher sind sie zum Braten völlig ungeeignet. Geeignete Fette zum Braten: Olivenöl, Kokosfett, Butter und Butterschmalz und evtl. Erdnussöl. Rapsöl sollte meines Erachtens nicht erhitzt werden. Absolut ungeeignet zum Braten: Sesamöl, Sonnenblumenkernöl, Leinöl, Walnussöl, Kürbiskernöl und andere mehrfach ungesättigte Öle.

Man braucht, wenn man eine gute Pfanne hat, nur recht wenig Öl zum Braten: »einmal um die Pfanne« reicht meistens vollauf. Man sollte nie etwas in Öl schwimmend braten oder frittieren, da dabei sehr gefährliche Stoffe entstehen.

Es ist ein weit verbreiteter Irrtum, dass man das Fett in der Pfanne heiß werden lassen soll, bevor man das Gargut hineingibt. Das zerstört die Fette und macht sie schädlich für uns. Nie, nie, nie darf man Öle bis zum Rauchpunkt erhitzen! Viel besser ist es, man lässt die Pfanne heiß werden, gibt dann das Öl und unmittelbar danach das Gargut hinein – das darin enthaltene Wasser kühlt nämlich das Öl ab und sorgt dafür, dass es nicht zu heiß und damit zerstört wird.

DÄMPFEN

Dämpfen ist fast das Gegenteil von Braten: Dabei garen die Lebensmittel nur ganz sanft im Wasserdampf – viele Nährstoffe bleiben dadurch erhalten, es entsteht keine Kruste, dafür bleibt der Eigengeschmack erhalten.

Es gibt spezielle Dampfgarer als Topf oder als Einbaugerät, man kann aber genauso gut einen kleinen Dämpfeinsatz (siehe Abbildung) in einem Topf mit einem gut schließenden Deckel verwenden. Dazu füllt man so viel Wasser in den Topf, dass es gerade nicht durch das Sieb steigt. Dann legt man das gewaschene und geschnittene Gemüse auf das Sieb, verschließt es mit dem Deckel und bringt das Wasser zum Kochen. Dämpfen geht relativ schnell: Die meisten Gemüse sind in ein paar Minuten gar, Kartoffeln (am besten in Würfel geschnitten) dauern ein bisschen länger. Man kann auch verschiedene Gemüse auf einmal ins Dämpfsieb legen, allerdings sollten sie alle ungefähr die gleiche Garzeit haben. Oder man legt zuerst einen Teil des Gemüses hinein (wie beim Salade Niçoise, Seite 74) und nach einer gewissen Zeit dann die zweite Hälfte dazu. Gedämpftes Gemüse schmeckt auch sehr gut mit nur ein wenig Salz und geschmolzener Butter.

KOCHSCHULE

DÜNSTEN

Beim Dünsten ist im Gegensatz zum Braten die Hitze geringer. Es ist weniger bis kein Fett dabei, dafür Flüssigkeit, wie zum Beispiel der eigene Saft des Gemüses. Wenn man Gemüse dünstet, dann gießt man entweder ein wenig Flüssigkeit zu (also z. B. Wasser, aber auch Brühe oder Wein) und lässt es auf kleiner Hitze köcheln. Dabei wird nur wenig Flüssigkeit dazugegeben, das Gemüse ist also nie mit der Flüssigkeit völlig bedeckt. Oder man kann manche Gemüsesorten wie z. B. Pilze nach dem Anbraten recht früh salzen. Damit tritt der eigene Saft aus, der dann meist ausreicht, um das Gemüse zu dünsten. Allerdings ist es wichtig, dass man dabei die Hitze reduziert und die Pfanne mit dem Deckel verschließt, da der Saft sonst sofort verdampft.

»DAMPFBRATEN«

Dampfbraten ist eine Mischung zwischen Braten und Dämpfen. Dabei wird das Gemüse zuerst kurz mit Fett angebraten, damit der gute Geschmack entsteht. Da aber die große Hitze beim Braten viele Nährstoffe zerstört, ist es besser, wenn das Gemüse der Hitze nicht so lange ausgesetzt ist. Daher brät man das Gemüse nur ganz kurz an, dann gibt man einen Schuss Wasser in die Pfanne (= ein paar Esslöffel), verschließt die Pfanne mit einem gut schließenden Deckel und reduziert die Hitze. Jetzt gart das Gemüse im Wasserdampf und ist meist in einigen Minuten gar, aber noch knackig (und behält seine leuchtende Farbe). Das ist die häufigste Garmethode bei meinen Rezepten.

KOCHSCHULE

KOCHEN

Gekocht wird Gemüse bei mir eigentlich nur sehr selten (außer vielleicht Kartoffeln oder Topinambur). Dabei wird das Gemüse in sehr viel sprudelndem Wasser gegart. So gehen viele Nährstoffe ans Wasser verloren und das Gemüse verliert den Geschmack, der auch ins Wasser übergeht. Sie brauchen sich nicht zu wundern, dass Ihre Familie Ihr Gemüse verweigert, wenn Sie es kochen, denn das schmeckt meist wirklich nicht besonders und gibt auch optisch auf dem Teller nicht viel her.

Kochen ist natürlich dann eine gute Zubereitungsart, wenn man eine Suppe machen möchte, denn da sollen der Geschmack und die Nährstoffe ja ins Wasser übergehen. Aber auch da bin ich der Meinung, dass die Suppe schmackhafter wird, wenn man nicht von Anfang an zu viel Wasser hinzufügt. Also lieber anfangs nur so viel Flüssigkeit zugießen, dass das Gemüse knapp bedeckt ist. Dann nach und nach noch Wasser hinzufügen, wenn die Suppe zu dickflüssig wird. Fragen Sie mich nicht warum, aber es macht einen Riesenunterschied, ob die gleiche Menge Flüssigkeit nach und nach oder auf einmal hineingeschüttet wird.

FRITTIEREN

Sie sollten nie, nie, nie irgendetwas frittieren und auch Frittiertes in Restaurants vermeiden, wo Sie können. Es gibt keine ungesündere Zubereitungsart. Bitte tun Sie sich und Ihrer Familie einen Gefallen und verbannen Sie Ihre Fritteuse aus dem Haus!

Ja, ich weiß, Ihre Kinder und Ihr Mann lieben es, es geht schnell und jedem schmeckt's. Aber beim Frittieren entstehen viele freie Radikale (schädliche Stoffe, die uns schnell altern lassen und Krebs erregen können) sowie Transfette und diese tragen zu Herzinfarkten, Hirnschlägen, Alzheimer, Lernschwierigkeiten, erhöhtem »schlechten« Cholesterin und verringertem »guten« Cholesterin sowie zu einem erhöhten Risiko von Frühgeburten bei. Mehr braucht man dazu eigentlich nicht zu sagen, oder?

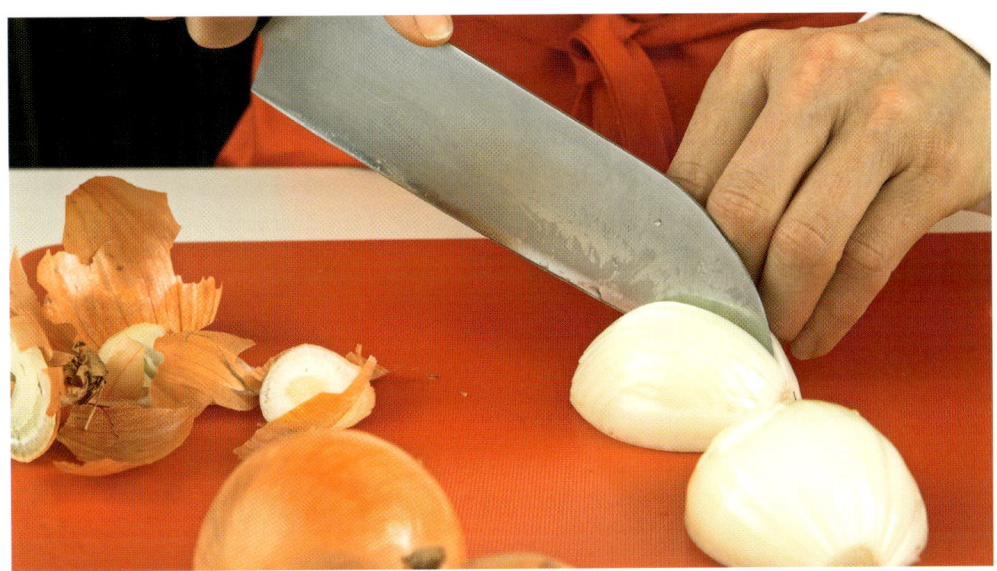

GEMÜSE SCHNEIDEN

Einerseits ist es völlig egal, wie Sie das Gemüse schneiden – seien Sie kreativ! –, andererseits hat die Schnitttechnik oft auf den Geschmack einen erheblichen Einfluss, denn »Schnittflächen machen Geschmack«. An Schnittflächen verliert das Gemüse Nährstoffe und damit auch an Geschmack. Man kann sich das allerdings auch zunutze machen, wenn man möchte, dass der Geschmack z. B. in den Eintopf oder die Suppe übergehen soll. Je kleiner Sie etwas schneiden, desto mehr gibt es den Geschmack ab und desto schneller wird es natürlich auch gar.

Ich persönlich finde es aber nicht besonders wichtig, ob Zwiebeln ganz fein gehackt sind. Das ist nur dann wichtig, wenn die Zwiebeln z. B. roh in einem Salat gegessen werden, wie beim Eiersalat (Seite 42). Sonst verwende ich Zwiebeln nicht – wie in vielen traditionellen Rezepten –, um einer Sauce Geschmack zu geben (dazu muss man sie fein hacken und anrösten), sondern als eigenständiges Gemüse. Und dazu reicht es, wenn man sie schält, halbiert und dann jede Hälfte ganz grob in vier oder fünf Stücke schneidet.
Und damit fällt schon eine wichtige Hürde beim Kochen – das für viele lästige Zwiebelschneiden – fast ganz weg.

KOCHSCHULE

Wer aber Zwiebeln fein hacken möchte und nicht weiß, wie – bitte sehr:
1. Zwiebeln schälen und der Länge nach halbieren.
2. Eine Zwiebelhälfte so hinlegen, dass der Wurzelansatz nach links zeigt. Dann längs (also von links nach rechts) so einschneiden, dass die Schnitte nicht ganz durchgehen, sondern die Zwiebel noch am Wurzelansatz zusammengehalten wird. Je feiner die Schnitte beieinander liegen, desto feiner wird das Ergebnis.
3. Wer es ganz genau nehmen will, schneidet die Zwiebel jetzt noch 1–2-mal horizontal ein, aber immer so, dass sie hinten noch zusammengehalten wird. Diesen Schritt lasse ich meist aus.
4. Die Zwiebel quer in ganz feine Streifen schneiden – diese sollten jetzt in ganz kleine Würfel zerfallen. Das Ende mit dem Wurzelansatz entfernen oder auch noch hacken, wenn es recht zart ist.
5. Vorgang mit der anderen Hälfte wiederholen.

SALATDRESSING

In einigen Teilen Österreichs wird eine Salatsauce prinzipiell mit viel Wasser und Essig zubereitet. Da sich diese Mischung natürlich unmöglich mit dem Öl verbinden kann und viel zu sauer schmeckt, müssen dann noch 1–2 TL Zucker hinein – und schon schwimmt der ganze Salat in einer Art Zuckerwasser. Dass Zucker ungesund ist, brauche ich an dieser Stelle wohl nicht mehr zu sagen – aber wenn Sie bei dieser Salatsauce den Zucker weglassen, dann haben Sie wirklich saures Essigwasser. Und wenn Ihre Familie dann keinen Salat anrührt, brauchen Sie sich nicht zu wundern.

Hier sind ein paar Tipps, wie die Salatsauce ohne Wasser und Zucker noch viel besser schmeckt (die Franzosen und Italiener, die etwas von guter Küche verstehen, machen es nicht umsonst auch so …).

Was sind die wichtigsten Werkzeuge für einen gelungenen Salat?
Richtig: eine Salatschleuder und ein Saucenbesen (das ist kein Schneebesen!) oder ein Saucenshaker (die gibt's fertig, sie können aber einfach auch ein kleines Glas mit Schraubverschluss nehmen). Denn nur an einem trockenen Salat kann die Salatsauce auch haften – was wichtig ist, damit nicht nur unten in der Schüssel ein »Saucensee« steht.

1. Waschen Sie den Salat gründlich und schleudern Sie ihn, bis er trocken ist.
2. Mischen Sie das Dressing, bevor Sie es über den Salat gießen, oder machen Sie es in der Salatschüssel, bevor Sie den Salat dazugeben. Denn wie sollen sich Zutaten wie Essig und Öl vermischen, wenn sie getrennt über den Salat geleert werden?

GRUNDREZEPT SALATSAUCE:
3–4 EL gutes Öl (z. B. kaltgepresstes Olivenöl, Kürbiskernöl, Walnussöl usw.)
1–2 EL guter Essig (die Qualität des Essigs macht einen Riesenunterschied – experimentieren Sie ruhig ein bisschen herum)
eine Prise Salz
ein wenig frisch gemahlener Pfeffer

Alle Zutaten gut mit einem Saucenbesen verrühren oder im Glas/Shaker durchschütteln, bis eine cremige Sauce entsteht. Vor allem wenn man auf Vorrat mehr machen möchte, sind ein Glas mit Schraubverschluss oder ein Salatshaker sehr nützlich. Man hat dann immer fertiges Salatdressing im Kühlschrank. Das Dressing nach dem Grundrezept hält sich im Kühlschrank sehr lange und muss vor der Verwendung nur mehr kurz aufgeschüttelt werden.

Diese Grundsauce lässt sich natürlich nach Belieben verfeinern: z. B. mit einem Teelöffel Mayonnaise (für den Geschmack braucht es oft nicht mehr), mit Knoblauch, einem Löffel Joghurt, einem Schuss Sojasauce, ein paar frischen Kräutern, 1–2 TL Senf – lassen Sie Ihrer Fantasie einfach freien Lauf.

habarber
Kresse
Spinat
Bärlauch

Frühling

Erdbeere
Mangold
Kresse
Löwenzah
Sparge
Rhabarber
Mangold
Kresse

Erdbeerjoghurt mit frischer Minze

Für 1 Person
Protein: 10 g, GL: 12

ZUTATEN

1 große Handvoll Erdbeeren
½ Banane
250 ml Joghurt od. Sojajoghurt
3 Minzblätter (oder Zitronenmelisse)

WERKZEUG

Brett
Messer
kleine Schüssel

1 Das Obst in Würfel schneiden, die Kräuter in feine Streifen schneiden und alle Zutaten miteinander verrühren. Fertig!

VARIATION

Je nach Jahreszeit kann man das Joghurt natürlich endlos variieren: sehr gut schmeckt auch eine Handvoll klein geschnittener Marillen statt der Erdbeeren.

Spinat-Feta-Omelett

Für 2 Personen
Protein: 15 g, GL: 2

ZUTATEN

1 Zwiebel, grob gehackt oder halbiert und in Ringe geschnitten
2 Handvoll Blattspinat (evtl. gefroren und aufgetaut)
2–3 Eier
ein Stück Feta-Käse (ca. 50 g), zerbröckelt oder in kleine Würfel geschnitten
ein wenig Muskat

WERKZEUG

Brett, Messer
Pfanne
Schüssel
Kochlöffel
Teller

1 Die Zwiebel mit einem ganz kleinen Stück Butter oder ein bisschen Olivenöl (»einmal um die Pfanne«) glasig dünsten; sie soll dabei keine Farbe annehmen.

2 Die Eier verquirlen und mit Salz, Pfeffer und Muskat würzen. Evtl. einen Schuss Mineralwasser unterrühren.

3 Den Blattspinat zur Zwiebel geben und kurz durchrühren – der frische Spinat soll dabei zusammenfallen, der aufgetaute erwärmt werden. Aus der Pfanne nehmen und beiseite stellen.

4 In der gleichen Pfanne ein ganz kleines Stück Butter schmelzen, dann die Hälfte der Eier hineingießen. Auf ganz kleiner Hitze stocken lassen. Die Eier sind fertig, wenn sie auf der Oberfläche fast ganz trocken sind.

5 Den halben Käse und die Hälfte des Gemüses auf dem Omelett verteilen und die andere Hälfte darüberklappen.

6 Schritt 5 und 6 für das zweite Omelett wiederholen.

DAZU PASST: *Vollkornbrot oder -weckerl*

Lachsrührei

Für 2 Personen
Protein: 16 g, GL: 1

ZUTATEN
3 Eier
½ Bund Frühlingszwiebeln
50 g Räucherlachs

WERKZEUG
Brett, Messer
Schüssel und Gabel
Pfanne
Kochlöffel

1 Die Frühlingszwiebeln (mit dem Grün!) in feine Ringe schneiden. Den Lachs in feine Streifen schneiden.
2 Die Eier gut mit einer Gabel verquirlen und mit Salz und Pfeffer würzen.
3 Ein wenig Butter (1–2 TL) in einer Pfanne zergehen lassen und die Zwiebeln darin kurz andünsten – keine Farbe annehmen lassen!
4 Die Eier und den Lachs dazugeben und stocken lassen. Mit dem Kochlöffel die Eimasse immer wieder vom Rand in die Mitte schieben, bis das Ei fast gar ist. (Achtung: Wenn man es zu lange kocht, wird es trocken – es schmeckt viel besser, wenn es gerade erst gestockt ist.) Das Ei wird nicht gerührt, sondern eher »geschoben«, ist also ein Schiebei und kein Rührei – so bleibt es flockiger.
5 Mit Vollkornbrot und ein paar Tomaten oder Radieschen servieren.

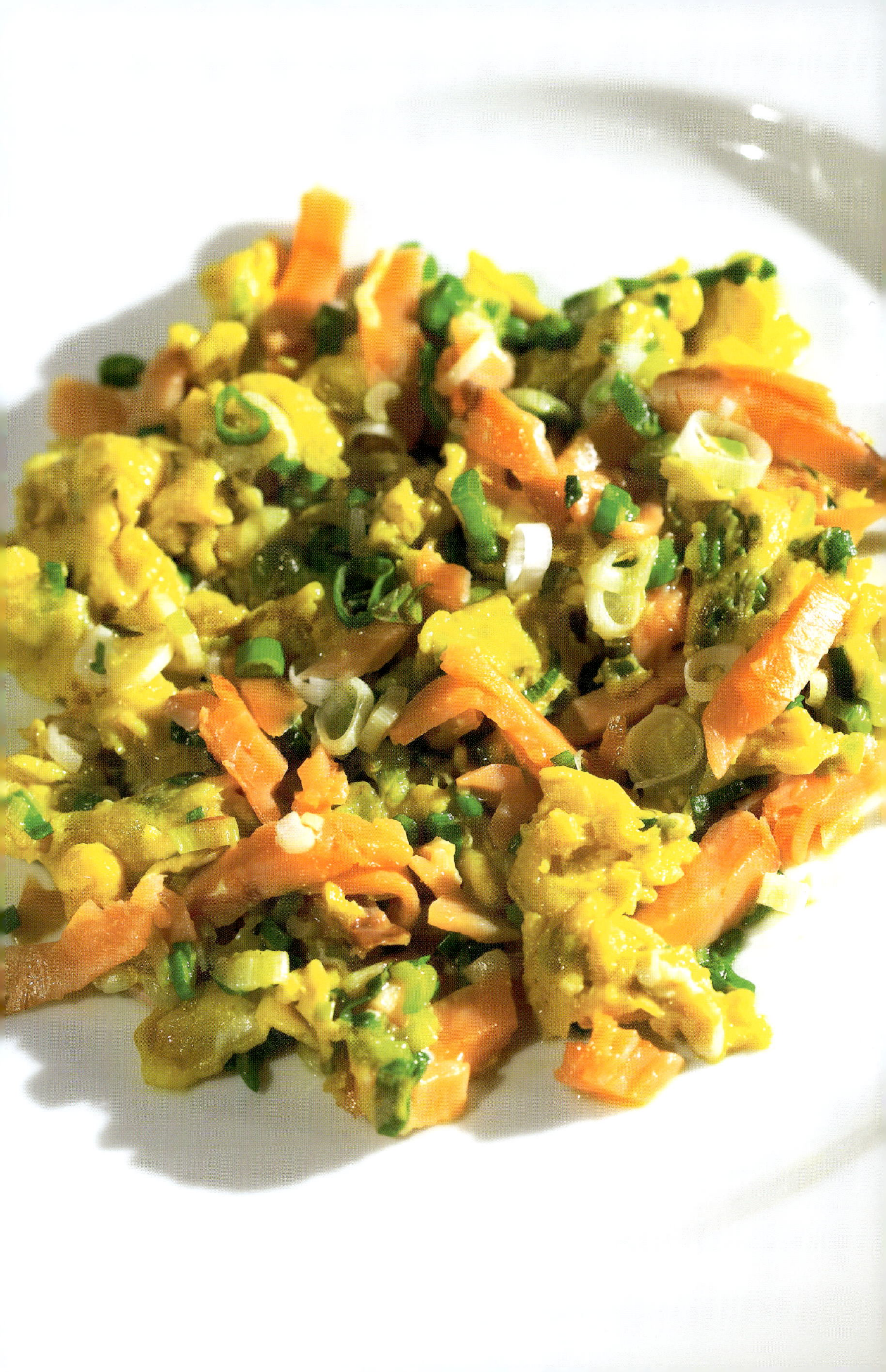

Hühnersalat mit Koriander und Minze

Für 2 Personen
Protein: 40 g, GL: 4

Dieses Rezept ist ganz einfach und macht nicht viel Arbeit – aber die Hühnerbrüste müssen sehr lange ziehen. Ist also toll, um es für den nächsten Tag oder den Abend vorzubereiten.

ZUTATEN

1 Salatkopf
1 Handvoll Spinatblätter
½ kleiner Brokkoli, in kleine Röschen geteilt (Rest und Stiel für etwas anderes verwenden)
1 Bund Koriander
½ Bund frische Minze
3 Scheiben frischer Ingwer
1 Zwiebel, geschält und halbiert
2 Hühnerbrüste
2 TL schwarze Pfefferkörner

WERKZEUG

Topf mit Deckel
Kochlöffel
Schüssel
Salatschleuder
Brett, Messer

1 1,5 l Wasser mit 4 Korianderstängeln, Zwiebel, Pfefferkörnern, Ingwer und ½ TL Salz aufkochen.

2 Die Hühnerbrüste hineinlegen, umrühren, Pfanne vom Herd ziehen und mit gut schließendem Deckel 2 Stunden ziehen lassen.

3 Aus Olivenöl (ca. 3–4 EL) und Essig (ca. 1 EL) eine Salatsauce rühren und mit Salz und Pfeffer abschmecken.

4 Den in Streifen geschnittenen Salat mit Spinat und Brokkoli unter die Salatsauce heben und auf zwei Tellern verteilen. Je eine Hühnerbrust, quer in Streifen geschnitten, darauf verteilen. Minze und restliche Korianderblätter darüber streuen.

DAZU PASST: ein Stück Brot

TIPP: *Wer den Salat ins Büro mitnehmen will, sollte die Salatsauce getrennt transportieren (am besten in einem kleinen Schraubglas) und erst kurz vor dem Servieren darüberträufeln. Die Hühnerbrust kann auch über Nacht in der Brühe ziehen.*

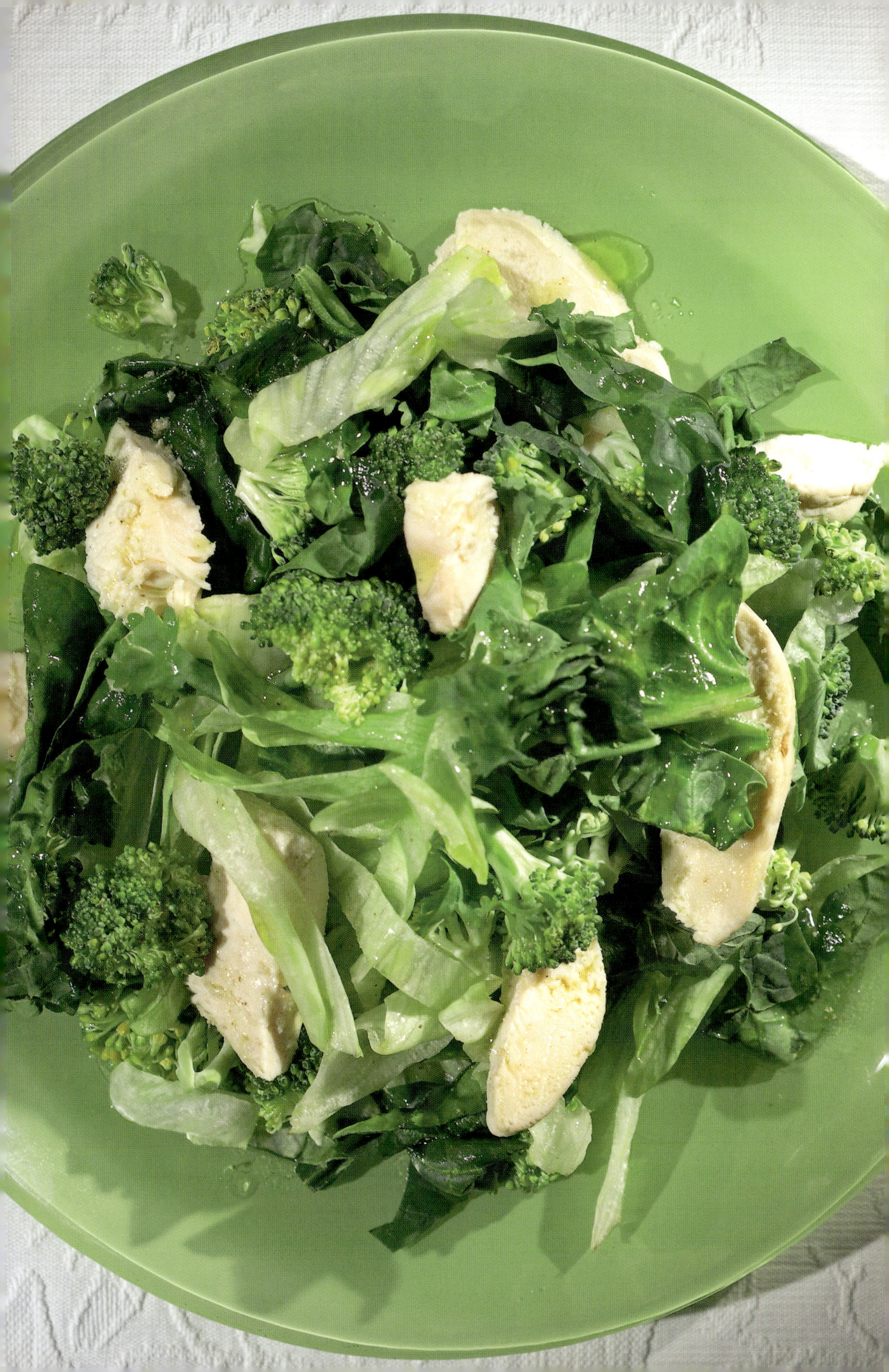

Vietnamesischer Glasnudelsalat mit Shrimps

Für 2 Personen
Protein: 26 g, GL: 15

Dieser Salat schmeckt sehr gut kalt als Abendessen, aber auch am nächsten Tag, z.B. als Mittagessen im Büro. Toll für Picknicks und Partys!

ZUTATEN

80 g Glasnudeln
150 g Shrimps, gekocht oder tiefgefroren
1 große Handvoll Zuckerschoten (Mange-Tout)
1 halbe Salatgurke
1 Bund Radieschen
1 kleiner Bund Frühlingszwiebeln (3–4 Stück)
1 daumengroßes Stück Ingwer, geschält und gerieben oder ganz fein gehackt
1 Bund Koriander, Blätter abgezupft und grob gehackt
3 EL Sesamöl ungeröstet
1 EL Sesamöl geröstet
1 Limette
1 EL Sojasauce oder Tamari
evtl. 1 Schuss Fischsauce
nach Geschmack 1 Stück Chilischote, entkernt und ganz fein gehackt
2 EL Sesamsamen

WERKZEUG

2 Schüsseln
Brett, Messer
kleiner Topf

1 Die Nudeln in eine Schüssel geben und mit kochendem Wasser übergießen. 5–10 Minuten stehen lassen, bis sie »gar« sind. Abgießen, evtl. abschrecken und abtropfen lassen.
2 Inzwischen das Gemüse schneiden: Gurke evtl. schälen und entkernen, der Länge nach vierteln und in dünne Scheiben schneiden. Radieschen in ganz dünne Scheiben, Frühlingszwiebeln in sehr dünne Ringe schneiden. Zuckerschoten der Länge nach in ganz feine Streifen schneiden.
3 Die (aufgetauten) Shrimps schälen und kurz in ein wenig Wasser dünsten oder dämpfen.
4 Aus Sesamöl, dem Saft der Limette, ein wenig abgeriebener Limettenschale (nur, wenn die Schale unbehandelt ist), Ingwer, Sojasauce und der Fischsauce ein Dressing rühren. Nach Geschmack Chili dazugeben. Mit dem Gemüse vermengen.
5 Mit Shrimps und den gut abgetropften Nudeln verrühren, Sesamsamen und Koriander unterrühren und mit Salz abschmecken.

VARIATION

Statt der Shrimps kann man auch eine Hühnerbrust oder ein Stück Rindfleisch abbraten oder grillen, mit Sojasauce würzen und ganz klein geschnitten unter den Salat rühren.

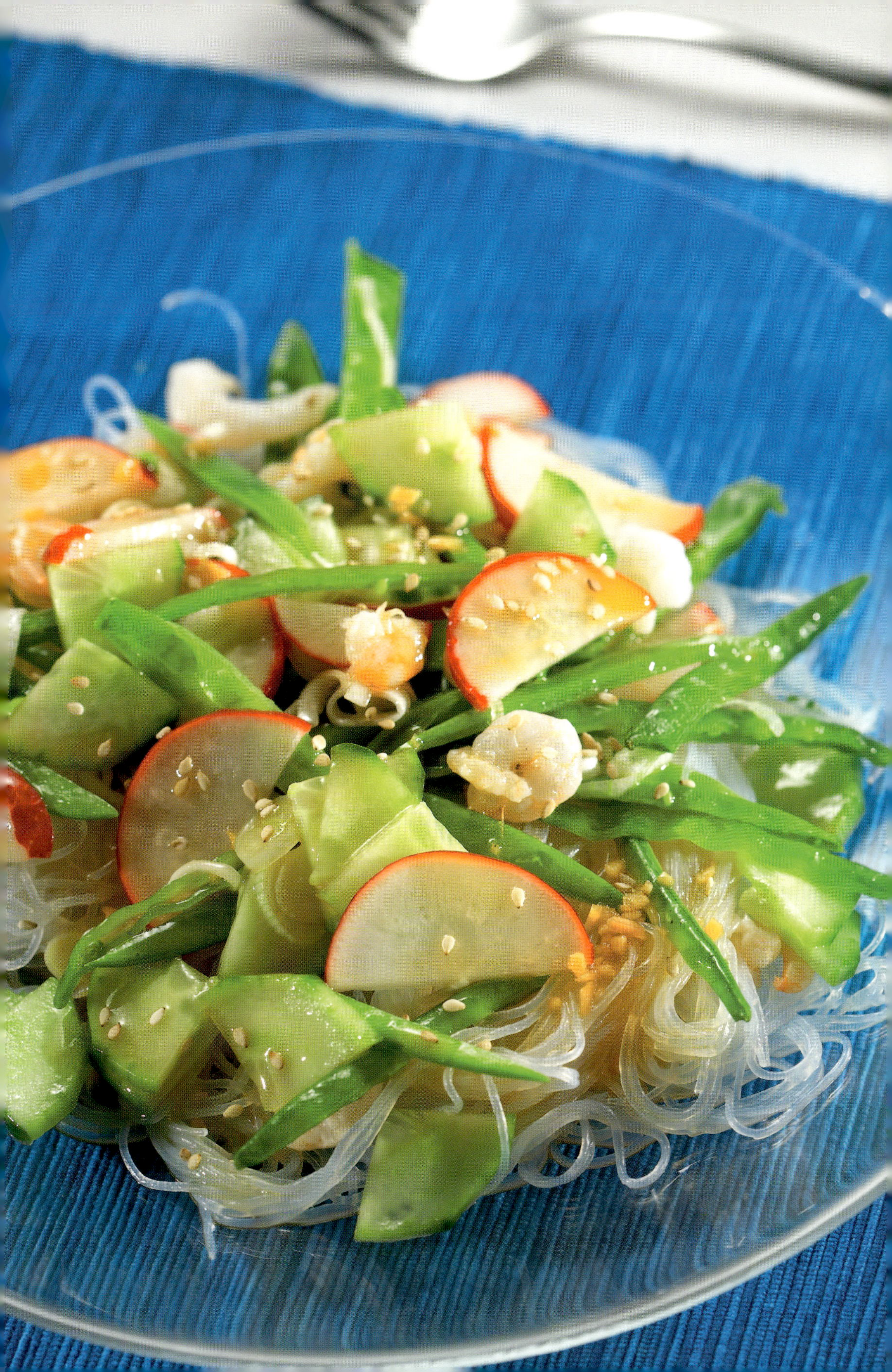

Eiersalat mit Kapern und Oliven

Für 2 Personen
Protein: 18 g, GL: 3

Diesen Eiersalat kann man als Füllung für eine Ofenkartoffel, über einem großen Blattsalat als Mittagessen oder als Aufstrich auf einem belegten Brot essen.

ZUTATEN

4 Portionen (oder für 2 Personen über einem Salat als Mittagessen)
4 hart gekochte Eier
½ kleine rote Zwiebel, ganz fein gehackt
1 EL Joghurt
1 EL Senf (Dijon)
½ Paprika, rot, in ganz kleine Würfel geschnitten
7–8 schwarze Kalamata-Oliven, entkernt und fein gehackt
1 EL gehackte Petersilie
1 EL Kapern, fein gehackt

WERKZEUG
Brett
Messer
Schüssel
Topf für Eier

1 Die Eier fein hacken und in eine Schüssel geben. Alle anderen Zutaten zugeben und mit Salz und Pfeffer abschmecken.

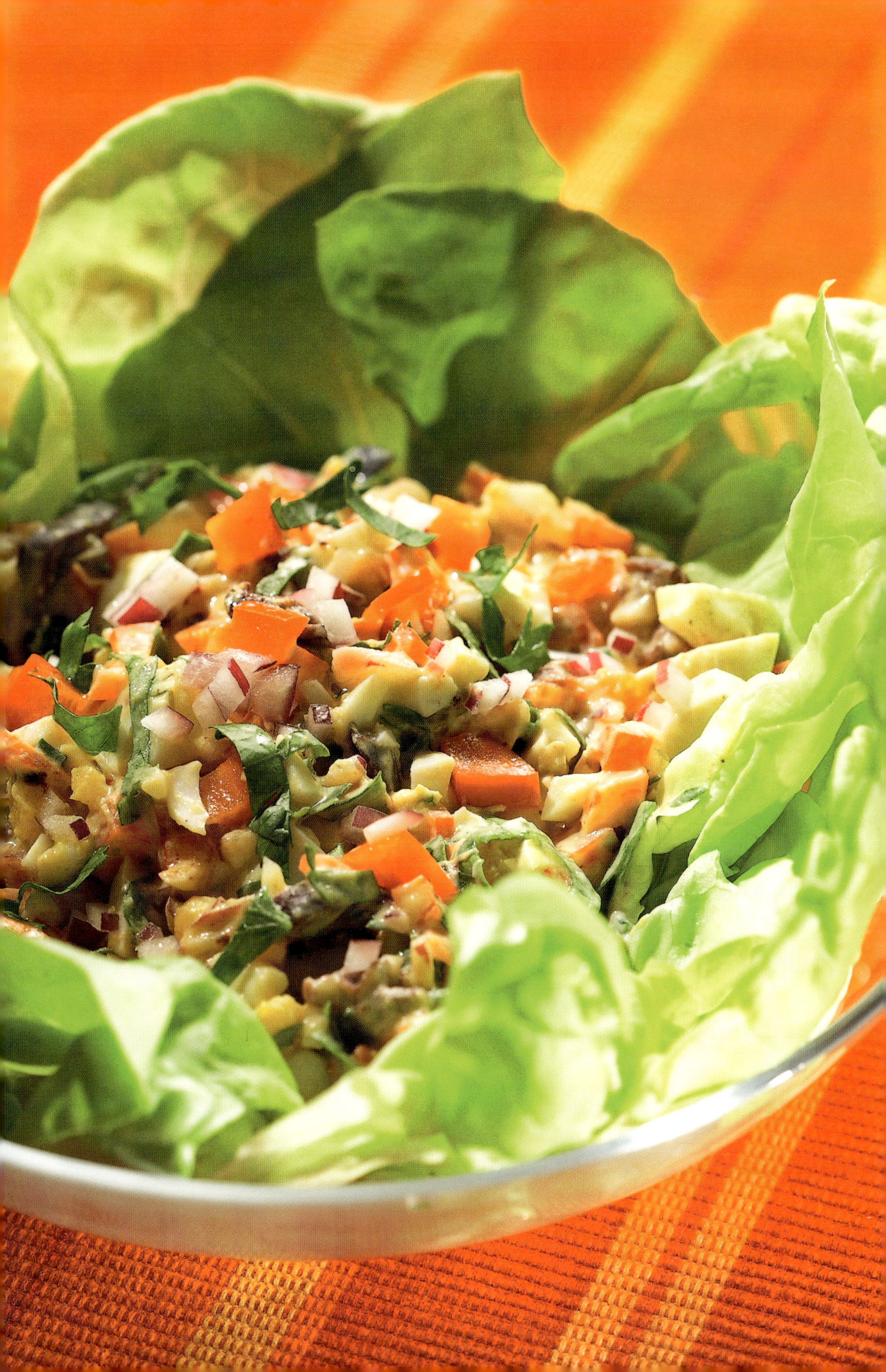

Bulgursalat mit Thunfisch

Für 2 Personen
Protein: 25 g, GL: 15

ZUTATEN

1 Tasse Bulgur
1 Brühwürfel (möglichst vollbiologisch und ohne Geschmacksverstärker)
Saft von ½ Zitrone
1 Salatgurke
1 rote Paprika
2 EL schwarze Oliven
1 Dose Thunfisch, in Wasser oder Olivenöl, abgetropft
ein wenig (ca. 1 EL) gehackte Petersilie, Schnittlauch und Koriander

WERKZEUG

Brett, scharfes Messer
Schüssel
Topf

1 2 Tassen Wasser mit dem Brühwürfel zum Kochen bringen. Bulgur einrühren, vom Herd ziehen und 10 Minuten quellen lassen. Überschüssiges Wasser abgießen.

2 Inzwischen Salatgurke der Länge nach vierteln und dann quer in dünne Scheiben schneiden. Paprika entkernen und in kleine Würfel schneiden.

3 Saft von ½ Zitrone unter den abgetropften Thunfisch rühren. Thunfisch unter den Bulgur mischen. Gemüse und gehackte Kräuter hinzufügen. Mit Salz, Pfeffer und Olivenöl abschmecken.

Erbsenkücherl

Für 2 Personen
Protein: 23 g, GL: 15

ZUTATEN

1 rote Zwiebel, halbiert und in ganz feine Ringe geschnitten
3 Handvoll frische (oder gefrorene) grüne Erbsen
5 EL Kichererbsenmehl
1 TL gemahlener Kreuzkümmel (= Mutterkümmel, Cumin)
1 EL frische Minze, gehackt
ein kleines Stück Feta, in kleine Würfel geschnitten
2 Eier

WERKZEUG

Brett, Messer
Pfanne und Pfannenwender
2 Schüsseln
Teller
Küchenrolle

1 Zwiebel in ein wenig Olivenöl (»einmal um die Pfanne«) anschwitzen, dabei keine Farbe annehmen lassen.

2 Zwiebel, Erbsen, Mehl, Kreuzkümmel, Minze und Feta in einer Schüssel verrühren.

3 Die Eier in einer Schüssel verquirlen, salzen und pfeffern. Zum Gemüse geben und kurz verrühren – nicht zu viel rühren.

4 Eine Pfanne heiß werden lassen, ein wenig (»einmal um die Pfanne«) Olivenöl dazugeben und sofort je ca. 2 große EL der Masse in die Pfanne geben und die Kücherl bei kleiner Hitze braten, bis die Oberfläche fast trocken ist. Dann die Kücherl wenden und noch kurz auf der anderen Seite braten. Die Kücherl sollten ein wenig Farbe annehmen, aber nicht zu braun werden.

5 Die Kücherl auf einen Teller mit Küchenrolle legen und im Ofen warm stellen, während man den Rest der Masse verarbeitet.

DAZU PASST: *ein großer Blattsalat*

Kartoffel-Spinat-Gratin

Für 2 Personen
Protein: 15 g, GL: 14

ZUTATEN

2 Handvoll kleine, heurige Kartoffeln, gewaschen und ungeschält
3 große Handvoll junger Blattspinat
1 Bund Frühlingszwiebeln, fein gehackt
1 EL Mehl
1 Prise Chilipulver
Muskatnuss
¼ l Milch
½ Tasse geriebener Emmentaler
ein wenig Butter, ca. 1 gehäufter TL

WERKZEUG

Brett, Messer
Topf
kleiner Topf
Kochlöffel, Saucenbesen oder Schneebesen
ofenfeste Form

1 Backrohr auf 160 °C vorheizen.

2 Die Kartoffeln in einem Topf mit Wasser zum Kochen bringen und ca. 8 Minuten sprudelnd kochen lassen (wenn die Kartoffeln recht groß sind, evtl. vorher halbieren oder vierteln). Den Spinat unterrühren, den Topf sofort zur Seite ziehen und das Wasser abgießen. Die Kartoffeln in dicke Scheiben schneiden.

3 In einem kleinen Topf die Frühlingszwiebeln in ein wenig Butter anschwitzen. Das Mehl darüberstäuben und kurz unter kräftigem Rühren weiterdünsten. Mit der Milch aufgießen und weiterköcheln lassen (dabei rühren!), bis die Sauce schön blubbert.

4 Von der Platte ziehen und die Hälfte des Käses unterrühren.

5 Die Hälfte des Gemüses in eine kleine, ofenfeste Form geben und die Hälfte der Sauce darübergießen. Mit dem restlichen Gemüse und der Sauce wiederholen. Mit dem restlichen Käse bestreuen.

6 Im Ofen bei 160 °C ca. 25–30 Minuten backen, bis der Käse schön braun sind.

7 Vor dem Servieren ca. 10 Minuten rasten lassen.

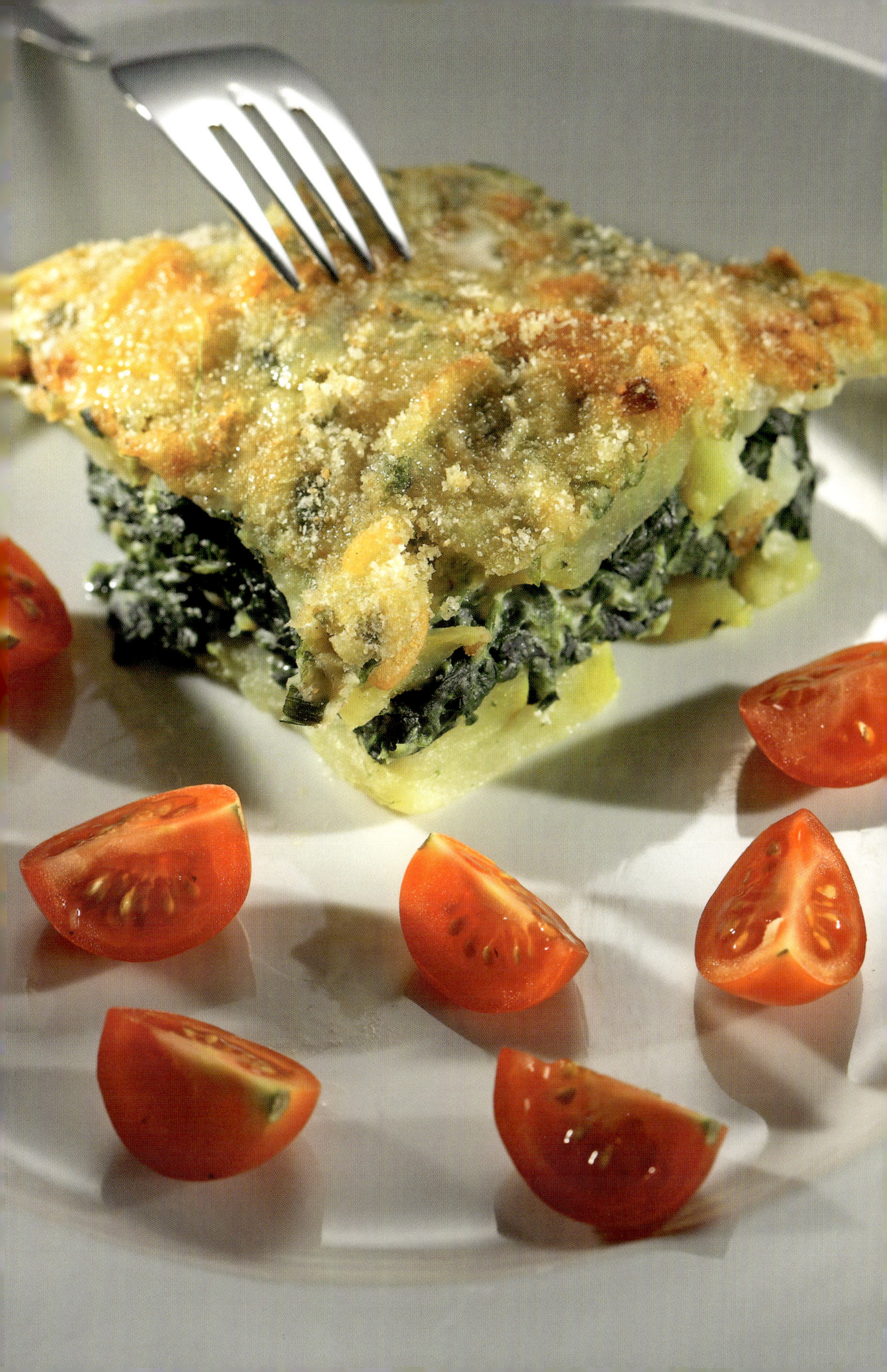

Spargel-Quinotto

Für 2 Personen
Protein: 21 g, GL: 14

ZUTATEN

1 rote Zwiebel, fein gehackt
5 getrocknete Tomaten, abgetropft und fein gehackt
1 Knoblauchzehe, geschält und fein gehackt
½ Tasse Quinoa, gewaschen
1 Stück fester Tofu (ca. 120 g)
½ Bund grüner Spargel
2 EL Pinienkerne
1 Tasse Gemüsebrühe oder 1 Tasse Wasser plus Brühwürfel (möglichst vollbiologisch und ohne Geschmacksverstärker!)
Saft von ½ Zitrone

WERKZEUG

Brett, Messer
Topf
Kochlöffel
kleine Pfanne

1 Den Tofu in Würfel schneiden. Die Tofuwürfel in einem Topf in ein wenig Olivenöl (»einmal um den Topf«) anbraten, dann die Zwiebel und den Knoblauch dazugeben und glasig dünsten (Hitze ein wenig reduzieren) – das Gemüse soll keine Farbe annehmen. Die getrockneten Tomaten dazugeben und 1 Minute weiterdünsten.
2 Den gewaschenen Quinoa dazugeben, kurz umrühren und mit der Brühe aufgießen und mit Salz und Pfeffer würzen. Ca. 15 Minuten köcheln lassen, bis der Quinoa gar ist.
3 Den Spargel waschen (nicht schälen!) und in ca. 5 cm große Stücke schneiden und die letzten 5 Minuten auf den Quinoa legen (mit einem Deckel verschließen).
4 In einer trockenen Pfanne die Pinienkerne kurz anrösten (nicht zu braun werden lassen, das zerstört die wertvollen Öle!).
5 Den Quinoa mit Salz, Pfeffer und Zitronensaft abschmecken und mit Pinienkernen bestreut servieren.

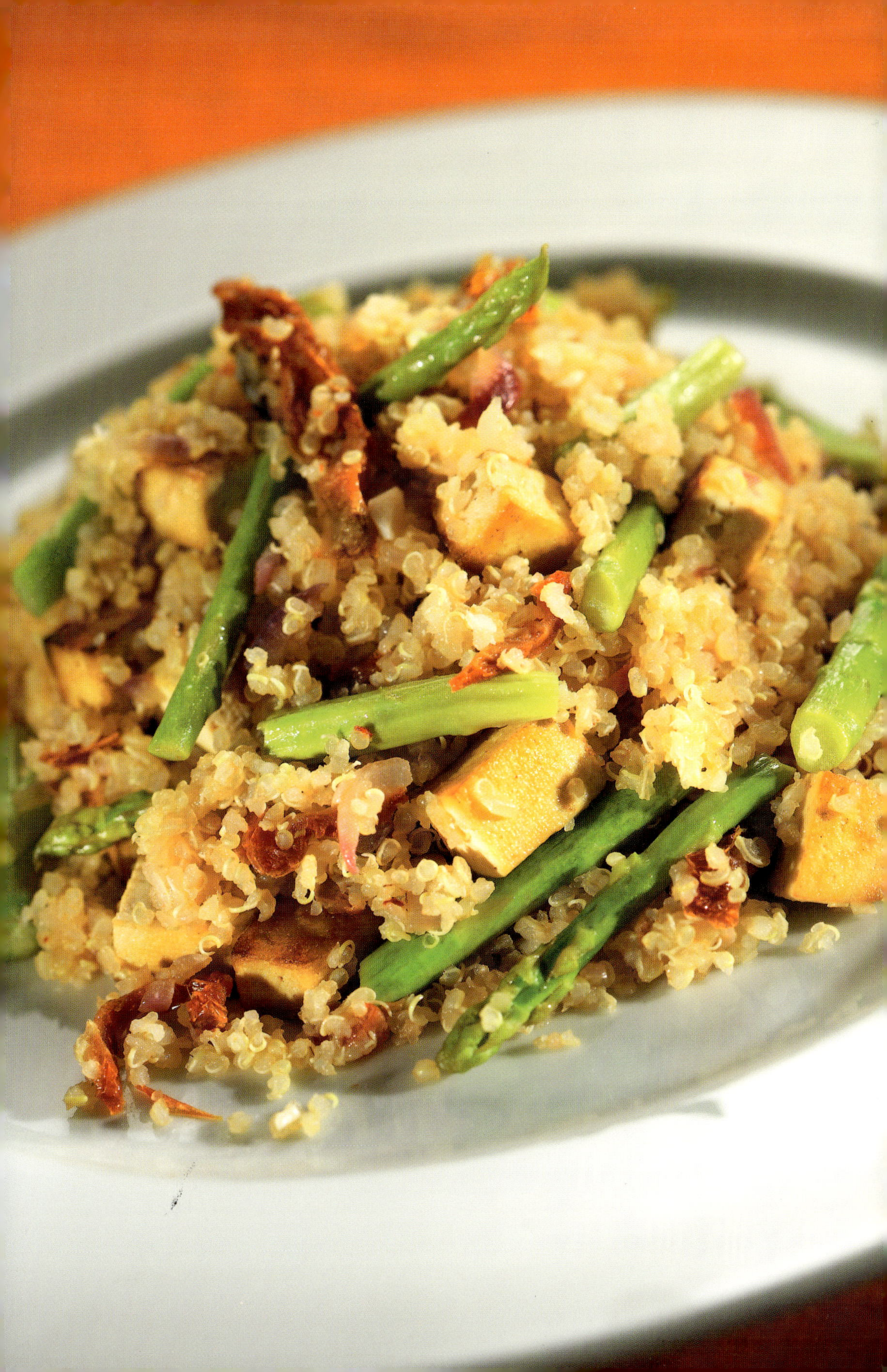

Minestrone di Verdure mit Pesto

Für 2 Personen
Protein: 10 g, GL: 15

ZUTATEN

1 **weiße Zwiebel,** grob gehackt
2 **Stangen Sellerie**
1 **Handvoll Zuckerschoten**
1 **Knoblauchzehe,** geschält und fein gehackt
1 **Babyzucchini**
1 **Stück Brokkoli**
½ **Dose kleine weiße Bohnen**
2 **EL Pesto**
3 **Tassen Gemüsebrühe** oder Wasser mit Brühwürfel (möglichst vollbiologisch und ohne Geschmacksverstärker)
1 **große Handvoll kleine Pasta** (z. B. Hörnchen oder kleine Farfalle)

WERKZEUG

Brett, scharfes Messer
großer Topf
kleiner Topf

1 Zwiebel in ein wenig Olivenöl (»einmal um den Topf«) anbraten, dabei keine Farbe annehmen lassen.

2 Wasser zum Kochen bringen und die Nudeln in 8–10 Minuten »al dente« kochen. Abseihen.

3 Inzwischen die anderen Gemüse in kleine Stücke schneiden.

4 Sellerie, Knoblauch und Brokkoli zu den Zwiebeln geben und ein paar Minuten weiterdünsten.

5 Mit Gemüsebrühe aufgießen und zum Kochen bringen. Einige Minuten köcheln lassen, dann die Zuckerschoten, Zucchini und die abgetropften Bohnen hinzufügen. Wieder zum Kochen bringen und noch 1–2 Minuten weiterköcheln lassen. Mit Salz und Pfeffer abschmecken. Die Nudeln unterrühren.

6 Die Suppe in Teller verteilen und je einen EL Pesto daraufgeben.

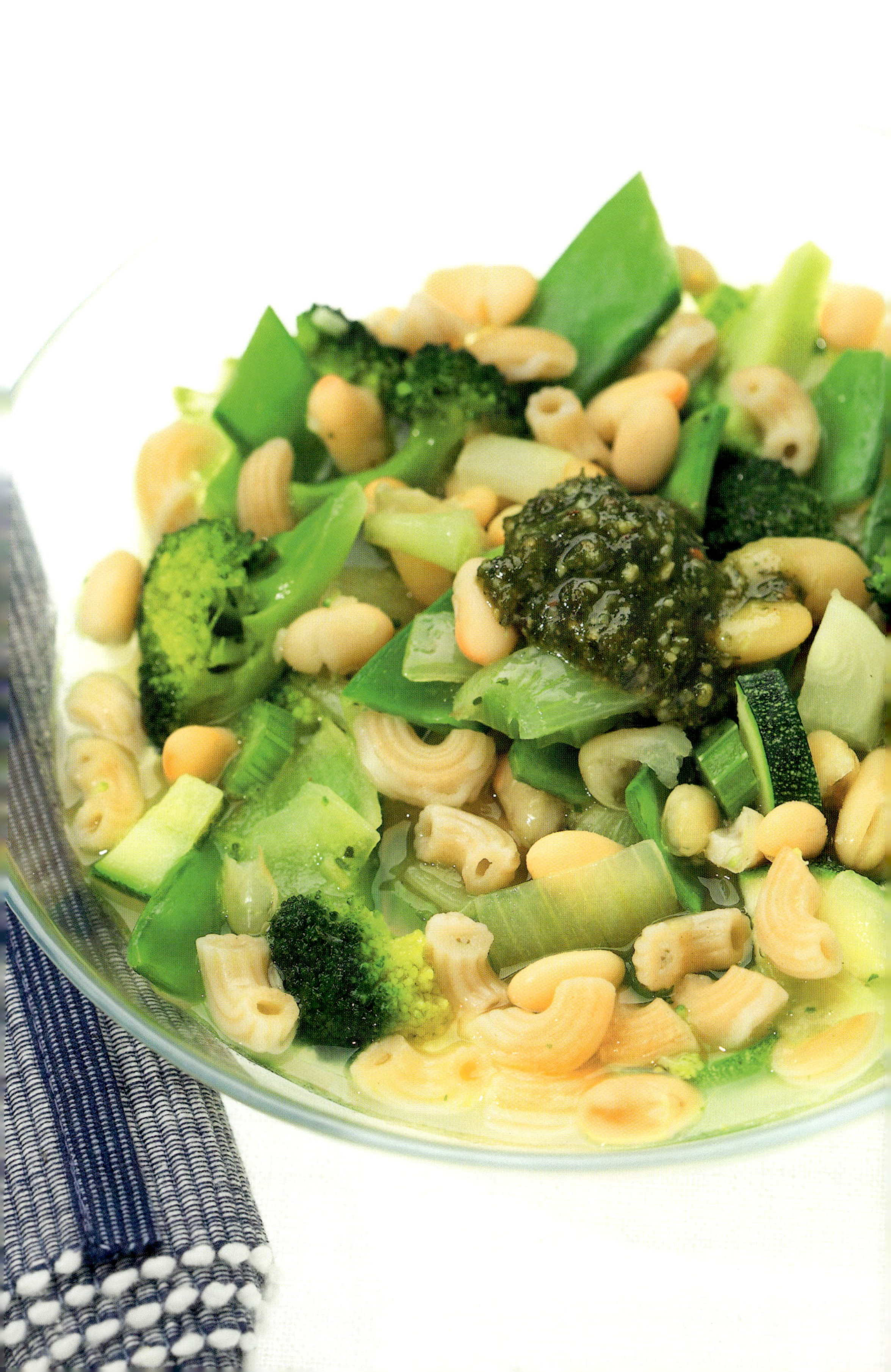

Grüner Ofenspargel

Für 2 Personen
Protein: 19 g, GL: 6

ZUTATEN

½ kg grüner Spargel (nicht zu dick)
100 g Ziegenfrischkäse von der Rolle
3 sehr dünne Scheiben durchwachsener Speck
4 gehäufte EL Pinien- oder Sonnenblumenkerne
2–3 EL Balsamico-Essig

WERKZEUG

Brett, Messer
Blech oder ofenfeste Form
Pfanne
Schüssel mit Saucenbesen

1 Ofen auf 200 °C vorheizen

2 Den Spargel waschen, trocken tupfen und Enden abbrechen.

3 Blech oder ofenfeste Form mit Öl bepinseln und den Spargel darin in Reihen ausbreiten. Mit Olivenöl bepinseln.

4 Den Ziegenkäse in Scheiben schneiden und so auf den Spargel legen, dass die Spitzen und Enden frei bleiben. Darüber den Speck legen.

5 Den Spargel für 12–15 Minuten auf mittlerer Ebene in den Ofen schieben.

6 Die Pinien- oder Sonnenblumenkerne in einer Pfanne kurz trocken anrösten, dabei nicht zu braun werden lassen.

7 Aus 3–4 EL Olivenöl, 2–3 EL Balsamico-Essig, Salz und Pfeffer eine Vinaigrette rühren, die noch warmen Kerne dazugeben.

8 Den heißen Spargel mit der Vinaigrette übergießen und servieren (schmeckt auch kalt sehr gut).

DAZU PASST: ein Stück Brot

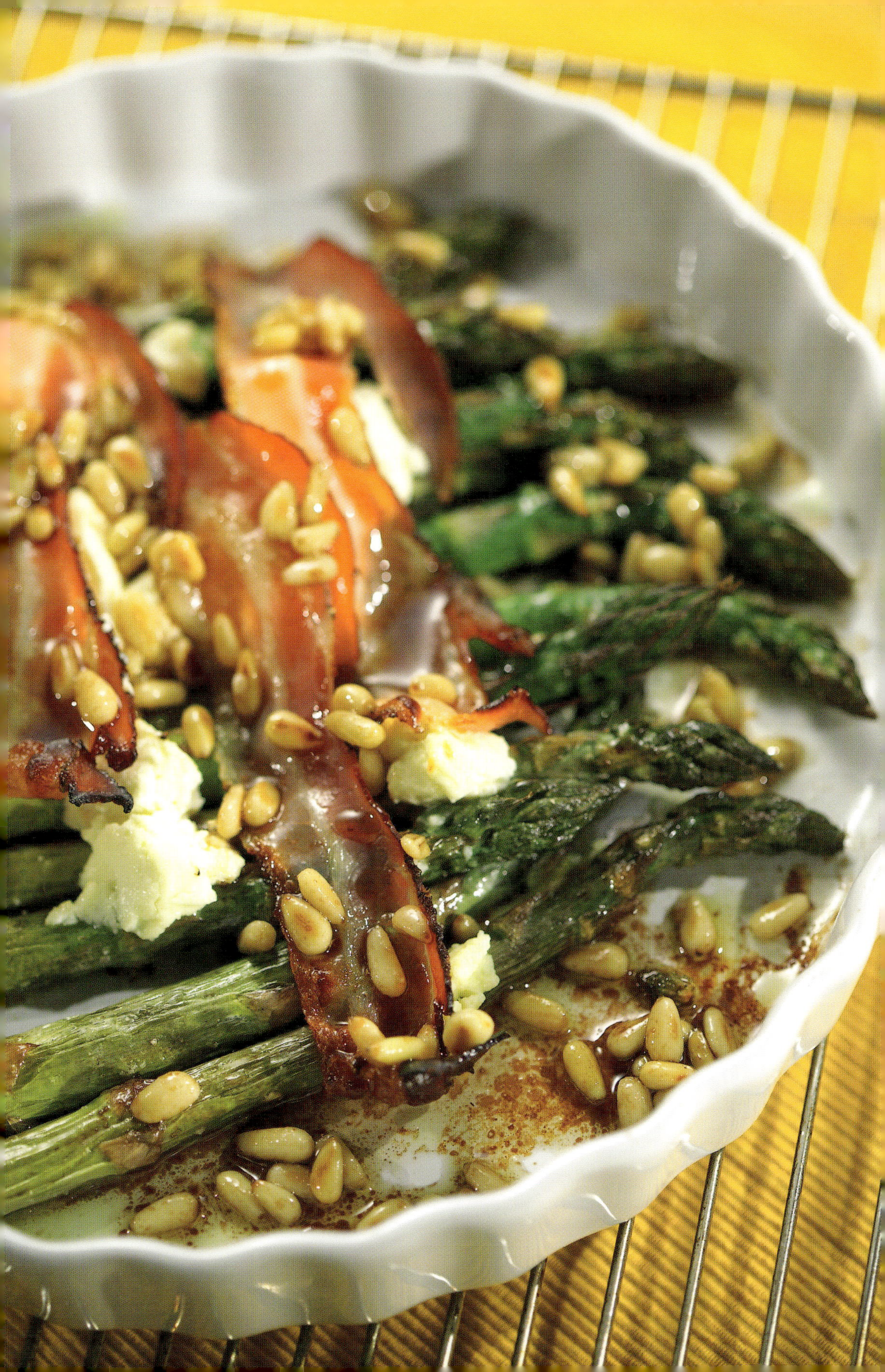

Lammklößchen auf Karotten

Für 2 Personen
Protein: 57 g, GL: 4

ZUTATEN

200 g gehacktes Lammfleisch (z.B. Schulter)
1 EL Bulgur, fein
1 kleine Zwiebel, fein gehackt
1 EL frische Minze, fein gehackt
1 Bund Karotten
2 Brühwürfel
ein bisschen Mehl
Kreuzkümmel, gemahlen oder im Mörser zerstoßen

WERKZEUG

2 kleine Töpfe
2 Schüsseln
Brett, Messer

1 Den Bulgur mit kaltem Wasser bedecken und 10 Minuten quellen lassen.
2 Inzwischen 1,5 l Wasser mit 2 Brühwürfeln zum Kochen bringen.
3 Gehacktes Lammfleisch mit gequollenem Bulgur, Zwiebel und Minze mischen, salzen und pfeffern.
4 Aus dieser Mischung walnussgroße Kugeln formen, in Mehl wenden.
5 In einem zweiten Topf geschälte Karotten in ½ l Brühe ein paar Minuten kochen, bis sie knackig, aber gar sind.
6 In der restlichen Brühe Lammklößchen 6 Minuten ziehen lassen, dazu Topf vom Herd nehmen.
7 Die Karotten aus der Brühe nehmen, mit ein wenig Kreuzkümmel bestäuben und mit den Lammklößchen servieren.

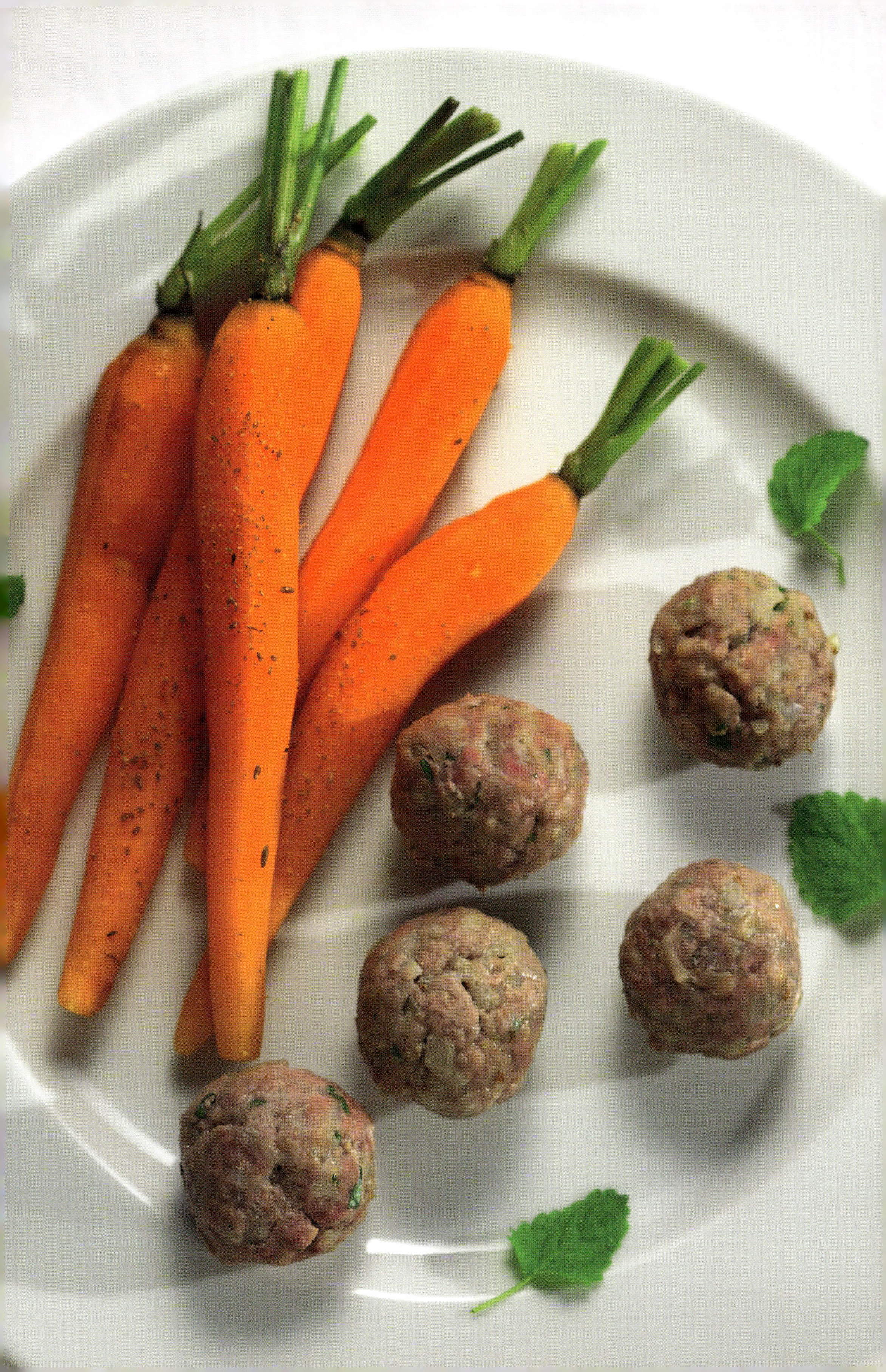

Rucola-Grapefruit-Salat mit Forelle

Für 2 Personen
Protein: 26 g, GL: 14

ZUTATEN

200 g geräuchertes Forellenfilet
ein paar kleine, neue Kartoffeln (2 Faustgrößen)
½ pinke Grapefruit
3 Handvoll Rucola
2 TL Dijon-Senf

WERKZEUG

Brett, scharfes Messer
Schüssel
kleiner Topf

1 Die Kartoffeln ungeschält in kaltem Wasser aufsetzen und zum Kochen bringen. Ca. 15 Minuten kochen, bis sie gar sind (zum Test mit einer Gabel einstechen). Abseihen und vierteln.
2 Die Forelle mit der Gabel grob zerteilen.
3 Die Grapefruit schälen (danach die Hände waschen!), dann mit einem scharfen Messer zuerst die weiße Schale wegschneiden, dann das Fruchtfleisch herausschneiden. Dazu immer ganz knapp neben jeder »Zwischenwand« der Spalten bis zur Mitte schneiden, sodass die Filets ohne Haut übrig bleiben. Die restliche Grapefruit mit der Hand in die Schüssel auspressen.
4 Aus 3–4 EL Olivenöl, Grapefruitsaft, Senf, Salz und Pfeffer eine Salatsauce rühren.
5 Rucola, Grapefruitspalten und Kartoffeln mit der Sauce verrühren und auf 2 Teller verteilen. Je die Hälfte des Fisches darauf legen.

VARIATION

Statt Rucola kann man auch Babyspinat und statt Forellenfilet eine Dose Thunfisch ohne Öl verwenden.

Was mache ich mit Karfiol?

Karfiol gehört zu den Kohlgemüsen und ist damit besonders gut für die Leber. Karfiol mit Semmelbröseln und viel Butter ist oft das einzige Rezept, das die meisten von uns kennen, dabei ist Karfiol weitaus vielseitiger verwendbar. Er schmeckt übrigens auch besonders gut gedämpft und mit ein wenig geschmolzener Butter, Zitronensaft und Kräutersalz – aber am liebsten mag ich Karfiol als Salat:

Karfiolsalat

Für 2 Personen
Protein: 6 g, GL: 5

ZUTATEN
1 kleiner Karfiol
Selleriesalz
Zitronensaft
Sojasauce

WERKZEUG
Brett, Messer
Schüssel
Teekessel oder Topf
Sieb
Saucenbesen oder Saucenshaker

1 Den Karfiol mit kochendem Wasser übergießen. Abtropfen lassen.
2 Den Karfiol in kleine Stücke schneiden.

3 Aus Olivenöl, Saft einer halben Zitrone, Selleriesalz und einem Schuss Sojasauce eine Salatsauce rühren. Karfiol unterrühren und ziehen lassen.

Was mache ich mit Gurken?

Gurken sind weitaus vielseitiger verwendbar, als die meisten wissen. Außerdem stecken sie voller Mineralien, z.B. Mangan und Magnesium, was sie für den Säure-Basen-Haushalt besonders wichtig macht. Gurken bestehen außerdem zu 97% aus Wasser und sind deshalb gerade im Sommer auch ein guter Durstlöscher.

Das erste Sandwich, das jemals erfunden wurde, war angeblich ein Gurkensandwich (nur Gurke und Butter auf Brot) – und Gurken sind auf Brot, z. B. um ein belegtes Brot knackiger und frischer zu machen, auch sehr empfehlenswert.

Bei den meisten Gurken kann man die Schale mitessen, außer sie ist sehr hart. Wenn die Gurke schon sehr ausgeprägte Samen hat, die eine härtere Schale besitzen, sollte man sie entkernen. Dazu halbiert man sie der Länge nach und »schaufelt« die Kerne einfach mit einem Teelöffel heraus. Aber man kann Gurken nicht nur roh, z. B. als Salat, essen: sie schmecken auch warm besonders gut – hier ist mein Lieblingsrezept:

Geschmorte Gurke

Für 2 Personen
Protein: 2 g, GL: 3

ZUTATEN
1 Salatgurke
1–2 TL Sauerrahm oder Schlagobers
ein wenig Dill

WERKZEUG
Brett, Messer
Pfanne oder Topf mit Deckel
Kochlöffel

1 Die Gurke schälen, evtl. entkernen (siehe oben) und zuerst längs halbieren und dann quer in ca. 1 cm dicke Scheiben schneiden.

2 Ein wenig Butter in einem Topf oder einer Pfanne schmelzen und die Gurken dazugeben. Salzen, pfeffern, mit einem Deckel verschließen und bei kleiner Hitze weiterdünsten, bis sie beginnen, Wasser zu lassen. Einige Minuten weiterdünsten, bis sie noch knackig, aber gar sind.

3 Den Sauerrahm oder das Schlagobers, anschließend den Dill unterrühren. Mit Salz und Pfeffer abschmecken, evtl. auch noch mit ein wenig Zitronensaft.

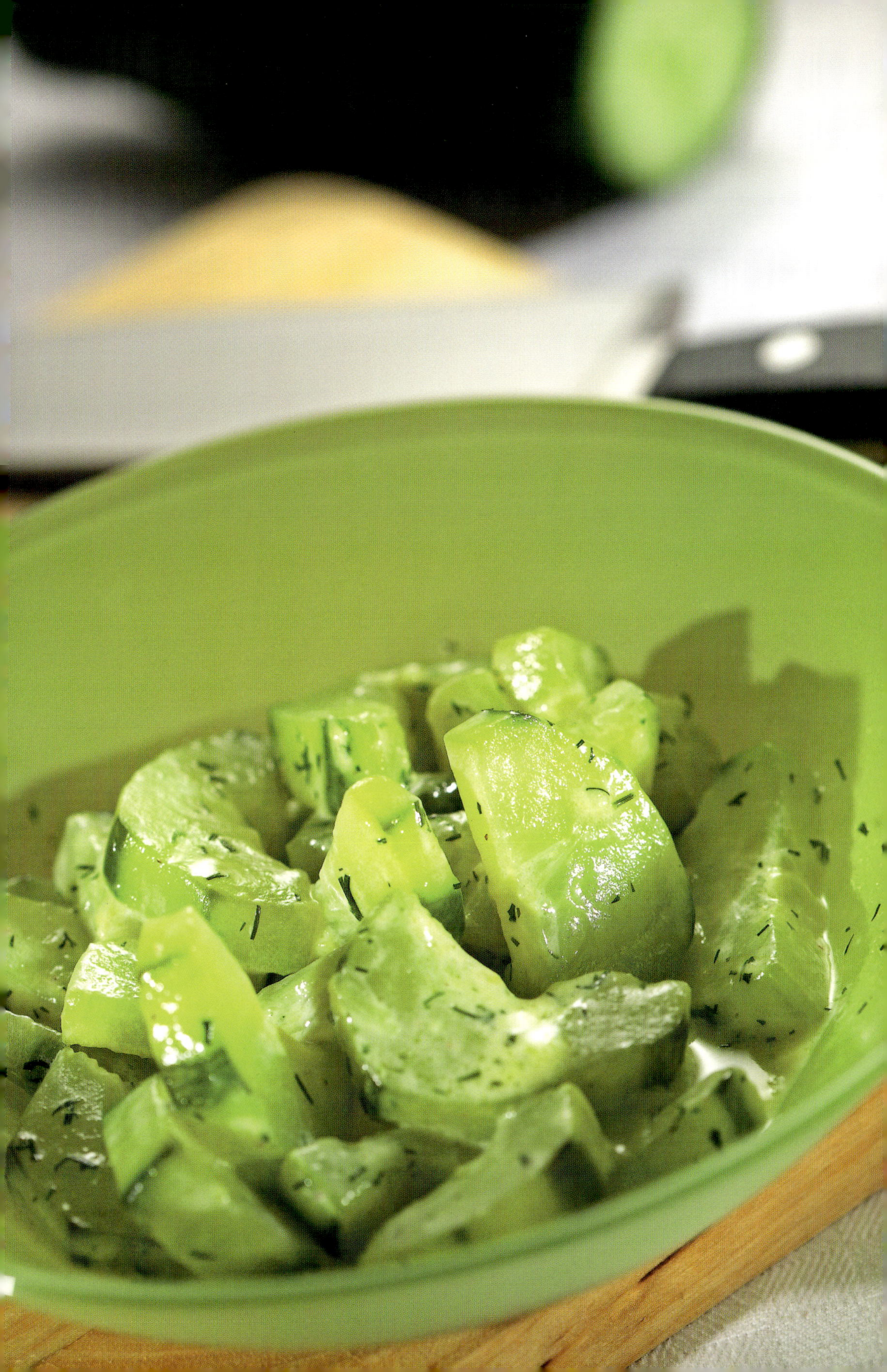

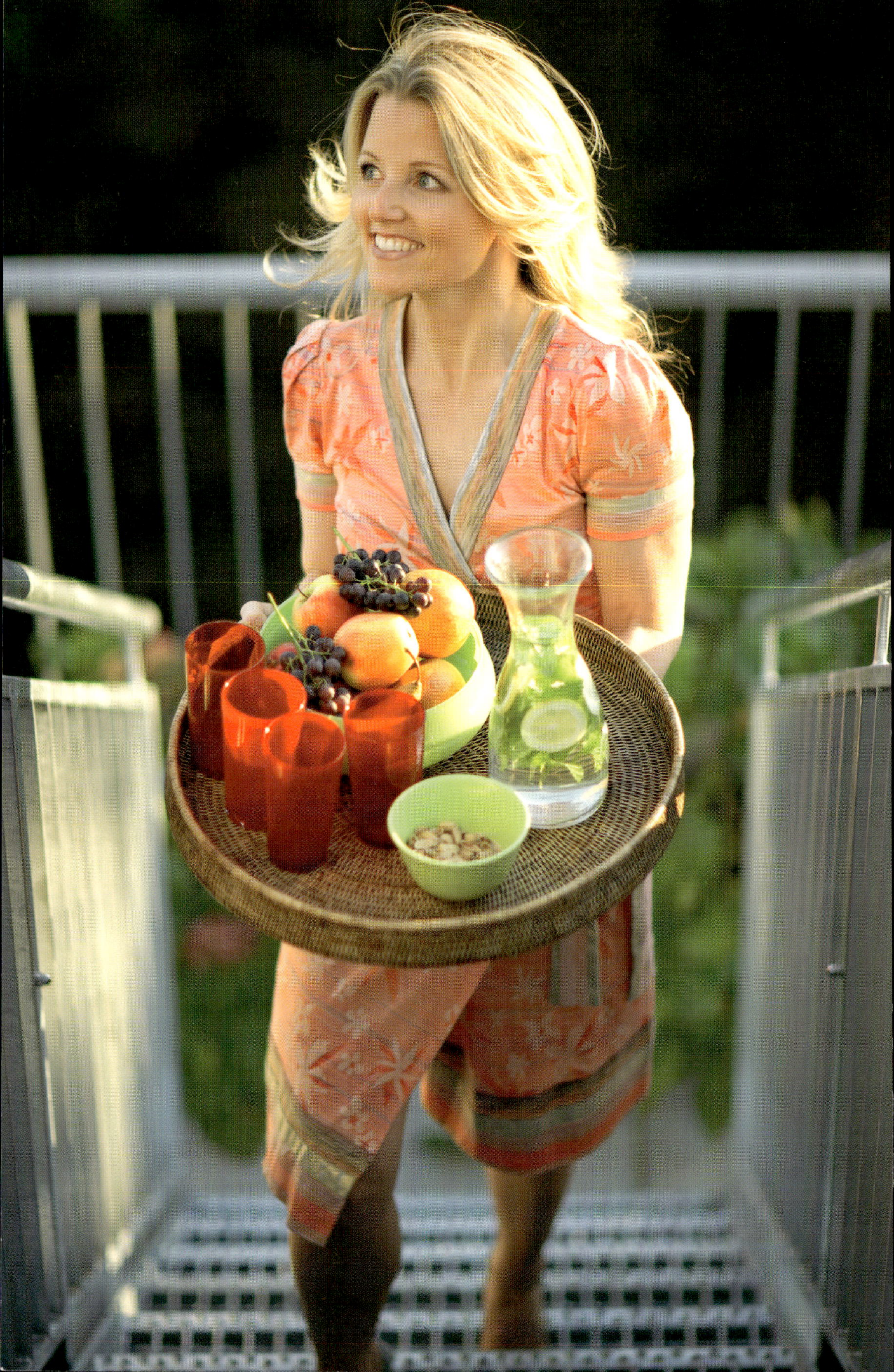

Marille
Pfirsic[h]
Radieschen
Zucchi[ni]
Kirsc[he]

Sommer

Heidelbeere
Melone
Erbsen
Brokkoli Fisolen
Zucchini
Tomate

Kirsche

Caprese Toast

Für 1 Person
Protein: 23 g, GL: 13

Mozzarella schaut zwar nicht so aus, ist aber ein überraschend fetter Käse. Der normale Mozzarella enthält genauso viel Fett wie Eiweiß, d. h. auf 100 g kommen ca. 25 g gesättigte Fette und 25 g Eiweiß – daher wenn möglich immer die magere »light«-Version verwenden.

ZUTATEN:
1 Kugel Mozzarella »light«
1 große Scheibe Vollkornbrot
(fein geschrotet)
2 Tomaten
ein paar Blätter Basilikum
Balsamico-Essig

WERKZEUG
Brett, Messer
Toaster

1 Das Brot toasten und mit ein wenig Olivenöl beträufeln. Wer mag, kann auch (wie es die Spanier machen) eine Tomate halbieren und mit der Schnittseite auf dem Brot reiben, bis sich die Tomate auf dem Brot abreibt.

2 Den Mozzarella und die Tomaten in Scheiben schneiden und abwechselnd auf das Brot schichten. Die Basilikumblätter zerzupfen und zwischen die Tomaten-Mozzarella-Scheiben stecken.

3 Mit Salz und Pfeffer bestreuen und mit ein wenig Olivenöl und ein paar Spritzern Balsamico beträufeln. Wer mag, kann den Caprese-Salat natürlich auch einfach zum Brot dazu essen.

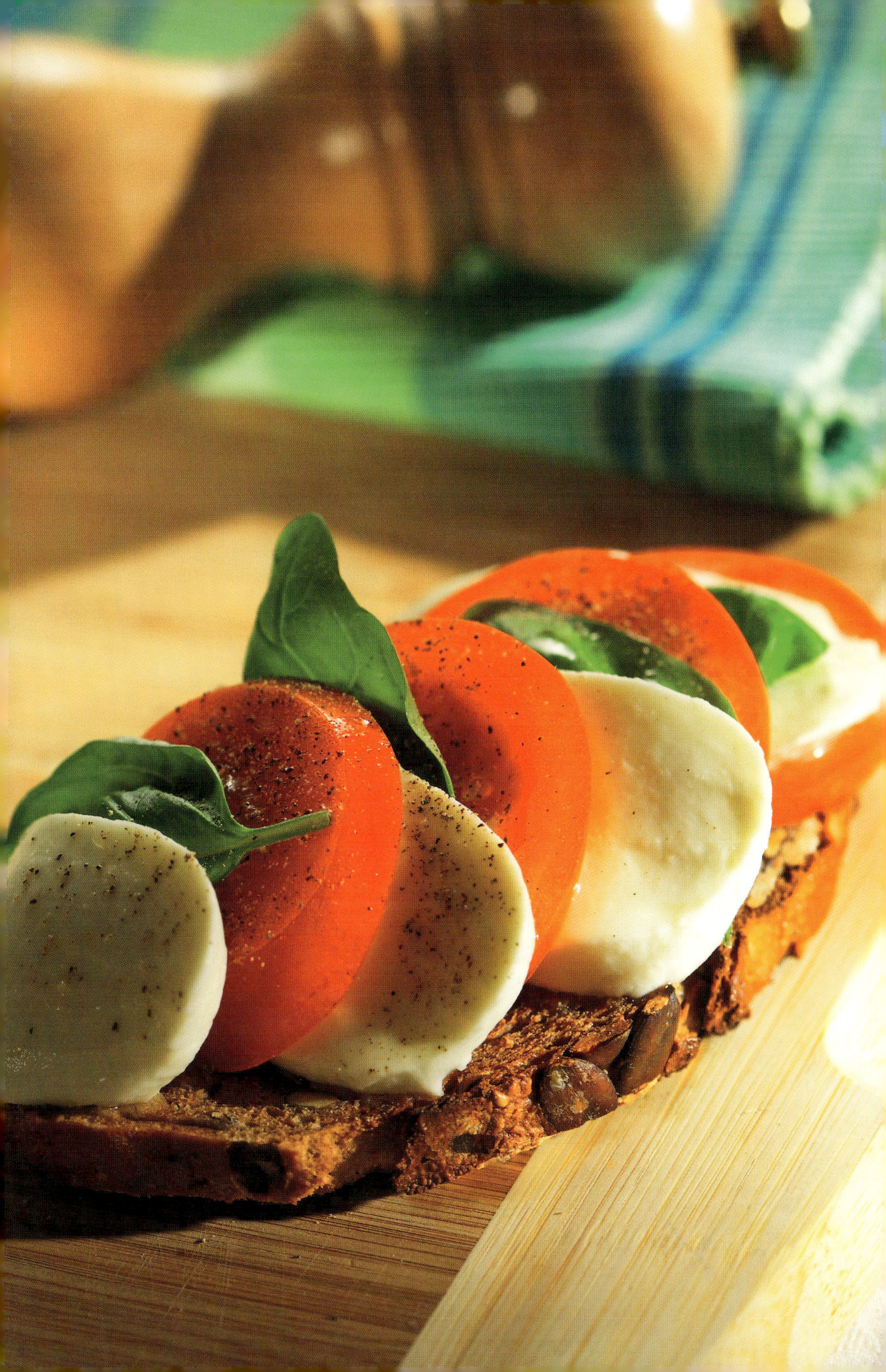

Kokos-Mango-Pfirsich-Joghurt

Für 1 Person
Protein: 12 g, GL: 15

ZUTATEN
1 kleiner Pfirsich
¼ Mango
200 ml Joghurt od. Sojajoghurt
2 EL Kokosflocken

WERKZEUG
Brett
Messer
Schüssel

1 Das Obst in Würfel schneiden und alle Zutaten miteinander verrühren. Fertig!

TIPP: WIE SCHNEIDET MAN EINE MANGO?

- Die Mango aufstellen, sodass der Stielansatz nach oben zeigt.
- Dann mit einem scharfen Messer am Stielansatz hineinschneiden und dem Kern entlang die eine Hälfte der Mango wegschneiden. Der Kern ist recht groß und »haarig« und auf einer Seite ein wenig mehr gewölbt. Er liegt längs in der Mango und beginnt immer direkt am Stielansatz.
- Anschließend die andere Hälfte der Mango vom Kern schneiden.
- Die kernfreien Hälften quer in Streifen scheiden und anschließend mit einem scharfen Messer das Fruchtfleisch von der Schale schneiden.
- Evtl. noch vorhandene Fruchtfleischreste vom Kern schneiden (sind aber meist sehr fasrig und nicht gut zu verwenden).

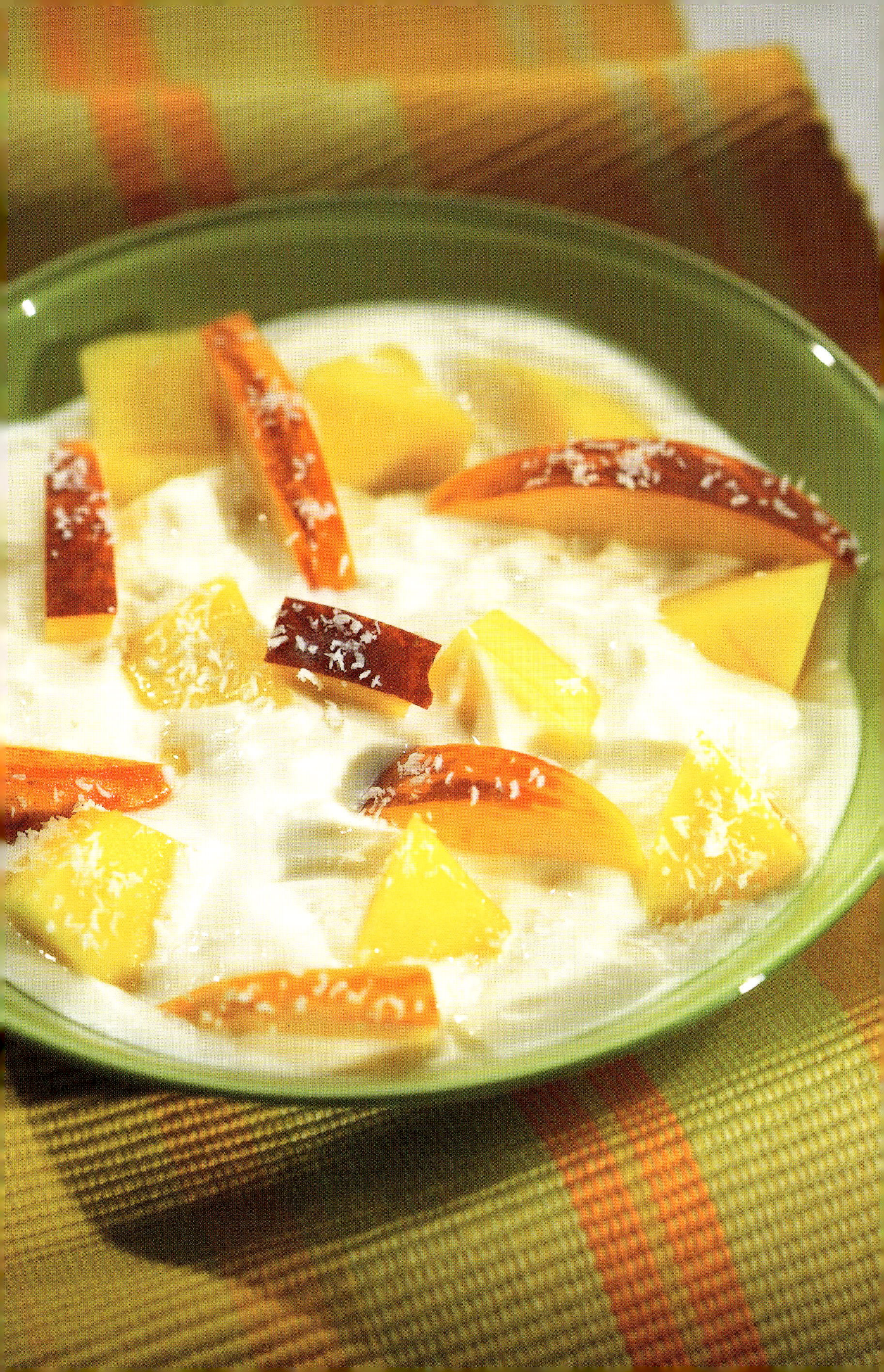

Melonen-Bananen-Shake

Für 1 Person
Protein: 13 g, GL: 13

Wassermelonen haben wunderbare Eigenschaften, die bei der Entgiftung helfen können. Gemischte Samen enthalten wertvolle Fette, Soja hilft unserem Hormonhaushalt und Banane macht den Shake schön cremig – ein tolles Sommerfrühstück, das besonders schnell geht, für alle, die in der Früh wenig Zeit haben.

ZUTATEN

½ Banane
eine Handvoll Wassermelonenstücke
1–2 EL gemischte Samen, z. B. Leinsamen, Sesam, Kürbiskerne, Sonnenblumenkerne
250 ml Sojamilch oder Sojajoghurt
(nach Geschmack auch Kuhmilch/-joghurt)

WERKZEUG

Brett, Messer
Mixer oder Stabmixer

1 Alle Zutaten im Mixer oder mit einem Stabmixer fein pürieren. Sofort servieren.

VARIATION

Den Shake kann man nach Lust und Laune variieren: Probieren Sie 2 große Handvoll frische Himbeeren und Heidelbeeren oder ein paar Marillen mit einem Stück Banane.

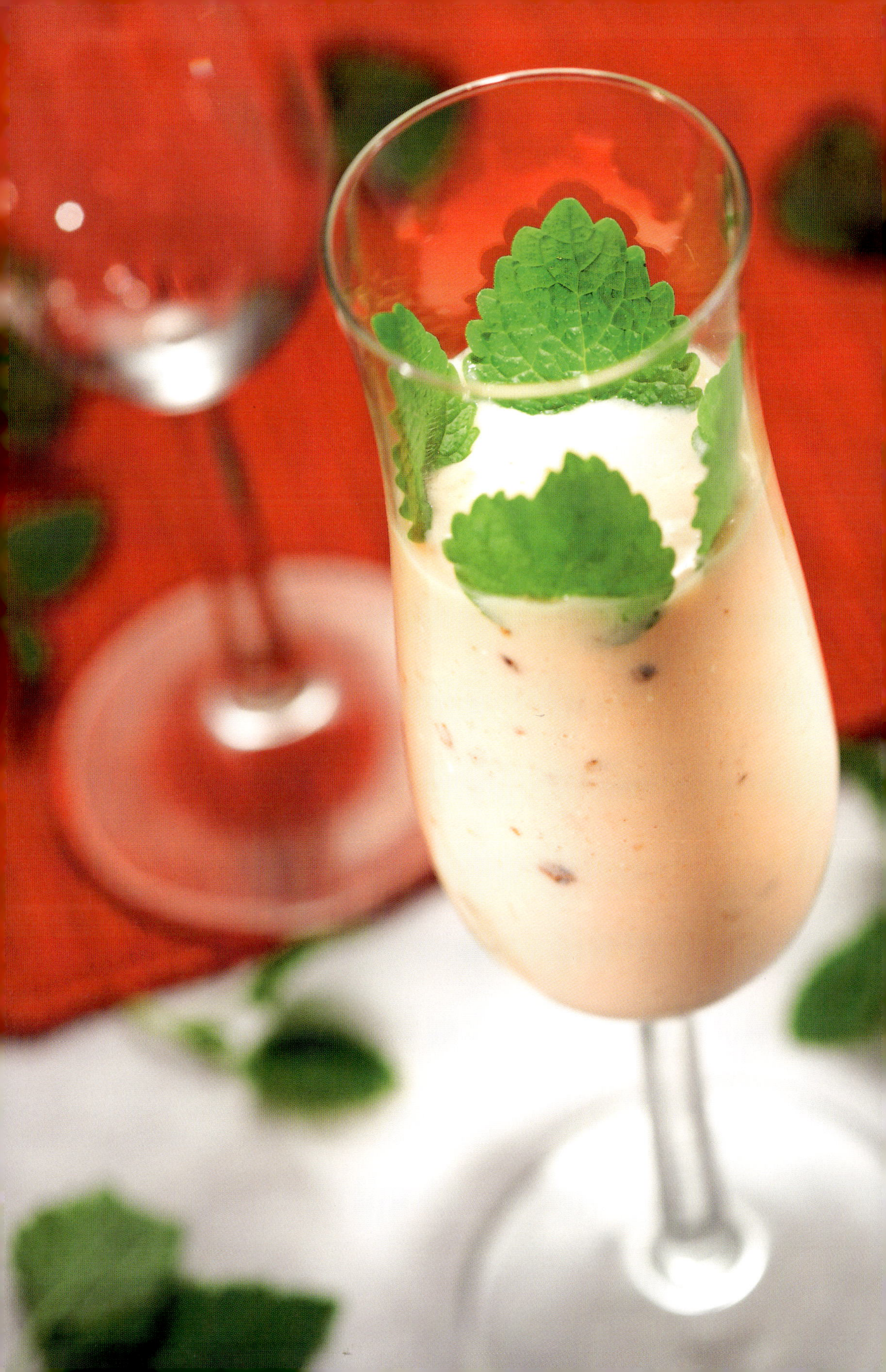

Cobb Salad

Für 2 Personen
Protein: 44 g, GL: 3

Ein klassischer amerikanischer Salat, der in Hollywood angeblich für einen Filmproduzenten erfunden wurde, als spätnachts Reste im Kühlschrank zusammengesucht wurden. In der Originalzubereitung werden alle Zutaten mehr oder weniger getrennt auf einen Teller geschichtet und dann bei Tisch mit zwei Messern fein verhackt und mit dem Dressing vermischt. Hier eine etwas leichtere Version:

ZUTATEN

1 kleiner Salatkopf, gewaschen, trocken geschleudert und in Stücke geschnitten oder gezupft
3 Tomaten, in Stücke oder Würfel geschnitten
3 Streifen Speck
1 Ei
1 kleine Hühnerbrust
½ Avocado
2 EL Roquefortkäse, zerbröckelt

WERKZEUG

Brett, Messer, Esslöffel
Schüssel, kleiner Topf
Pfanne, Pfannenwender
Teller
kleines Schraubglas oder kleine Schüssel

FÜR DAS DRESSING

4 EL Olivenöl
1–2 EL Rotwein-Essig
ein paar Spritzer Zitronensaft
Schnittlauch *(ca. 1 EL), gehackt*
½ TL Dijon-Senf

1 Das Ei hart kochen (ca. 8–10 Minuten). Danach abschrecken, schälen und längs vierteln oder auch in Scheiben schneiden.

2 Inzwischen die Hühnerbrust mit ein wenig Olivenöl anbraten und einige Minuten auf jeder Seite braten, bis sie gar ist. Salzen, pfeffern und in Streifen schneiden.

3 In der gleichen Pfanne die Speckstreifen »auslassen« (braten, bis das Fett austritt) und knusprig braten. Auf einem Stück Küchenrolle abtropfen lassen.

4 Die Avocado halbieren, den Kern entfernen und in der Schale mit einem Messer ein Karomuster einschneiden. Mit einem großen Löffel das Fruchtfleisch aus der Schale heben – es sollte in Würfeln auseinanderfallen.

5 Salat und Tomaten auf einem Teller anrichten, die Avocadowürfel und Hühnerstreifen darauflegen und mit Käse und Speck bestreuen.

6 Die Zutaten für das Dressing in ein kleines Schraubglas geben und gut schütteln. Mit Salz und Pfeffer abschmecken. Kurz vor dem Servieren das Dressing über den Salat gießen. Wer mag, kann die Zutaten auch wie auf dem Bild auf einem Teller anrichten und mit dem Dressing übergießen – erst kurz vor dem Essen wird alles noch einmal mit dem Messer zerhackt und vermischt.

DAZU PASST: *ein Stück Brot*

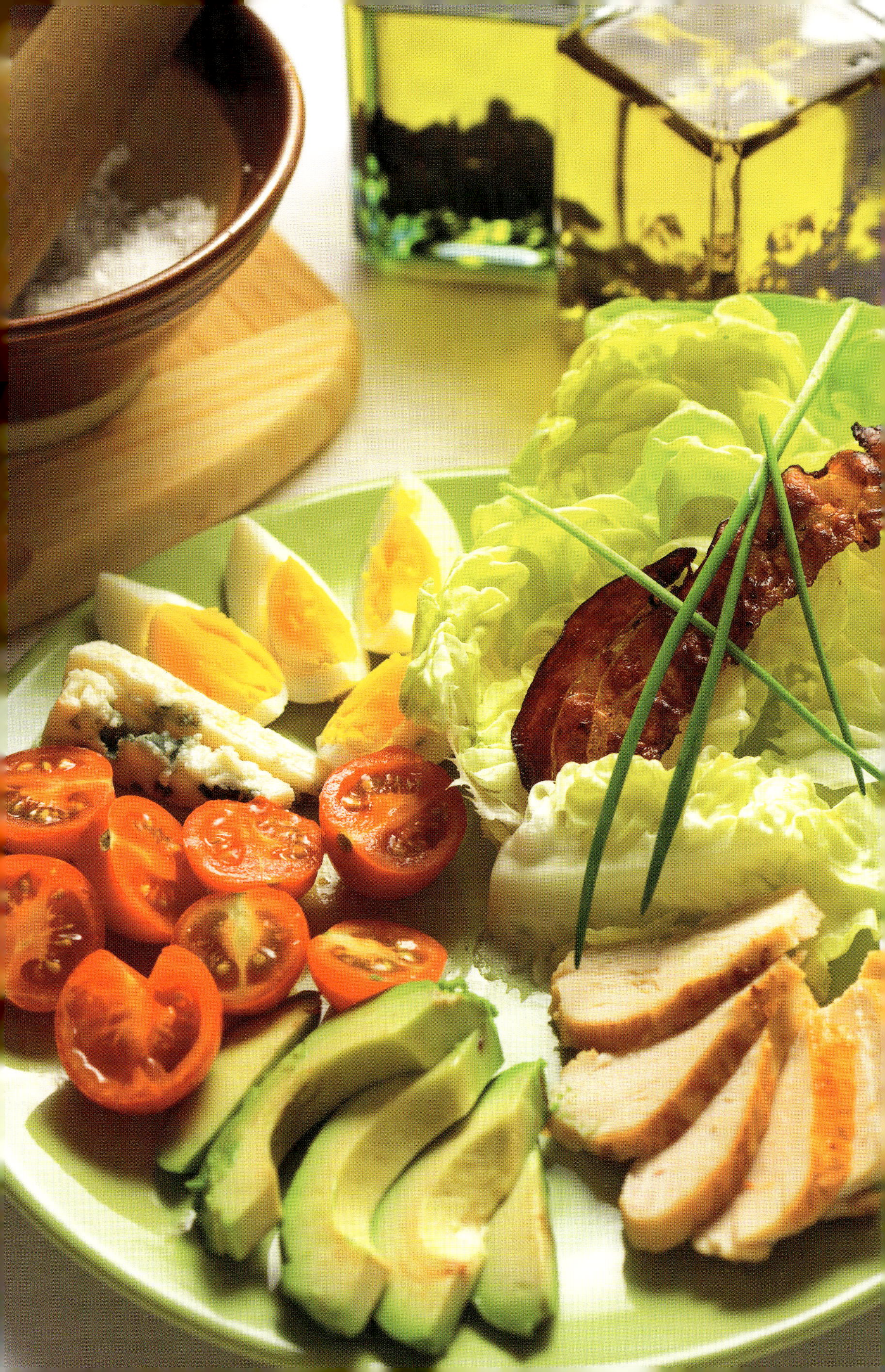

Curry-Hühner-Salat

Für 2 Personen
Protein: 22 g, GL: 4

Immer wieder findet man einen ähnlichen Salat, der in Mayonnaise schwimmt und mit viel Ananas aus der Dose kombiniert ist. Hier eine leichtere und knackigere Variante, die ganz der Faustregel entspricht:

ZUTATEN

1 Hühnerbrust (hier kann auch ein Rest Hühnerfleisch vom Vortag verwendet werden, z. B. von einem Brathuhn oder einer gebratenen Hühnerbrust)
2 Karotten, in kleine Würfel geschnitten
2 Stangen Sellerie, quer in feine Streifen geschnitten
3 Chicorée, quer in feine Streifen geschnitten
1 halber Apfel, geschält und in sehr kleine Würfel geschnitten
1 Suppenwürfel oder 1 TL Suppenpulver

WERKZEUG

Brett, Messer
Topf
Schüssel
Löffel, Saucenbesen

FÜR DAS DRESSING

3 EL Joghurt oder Sojajoghurt
2 gehäufte TL Mayonnaise
1 TL Currypulver
1 kleiner Schuss Essig (ca. 1–2 TL)

1 In einem Topf genug Wasser zum Kochen bringen, sodass das Hühnerfilet gut bedeckt ist. Den Suppenwürfel einrühren, das Hühnerfilet hineinlegen und die Hitze so weit reduzieren, dass das Wasser gerade nicht kocht. Das Hühnerfleisch ca. 10 Minuten garziehen lassen, ohne dass das Wasser sichtbar kocht. Diesen Schritt auslassen, wenn man Hühnerreste von einer anderen Mahlzeit verwendet.

2 Alle Zutaten für das Dressing verrühren und mit Salz und Pfeffer abschmecken.
3 Das warme Hühnerfleisch in Würfel schneiden und unter das Dressing rühren. Ein paar Minuten ziehen lassen.
4 Das Gemüse und den Apfel unterrühren und mit Salz und Pfeffer abschmecken.

DAZU PASST: *ein Stück Brot*

Gebratener Lachs

Für 2 Personen
Protein: 17 g, GL: 0

Dieses Rezept enthält nur Eiweiß – es fehlen also noch stärkehaltige Kohlenhydrate und mindestens 2 Fäuste Gemüse. Dazu passt z. B. Topinambur, Kartoffeln und entweder Ofengemüse, gedämpftes Gemüse oder ein großer Salat.

ZUTATEN

1 großes oder 2 kleinere Lachsfilets, evtl. mit Haut

WERKZEUG

Pfanne mit Deckel
Gabel

1 Den Fisch gut waschen, trocken tupfen und auf beiden Seiten salzen.
2 Eine Pfanne heiß werden lassen und das Fischfilet mit der Haut nach unten in ein wenig Olivenöl anbraten.
3 Die Hitze reduzieren und die Pfanne mit Deckel verschließen. Die Filets so lange auf kleiner Hitze braten, bis sie durch sind. Eventuell mit einer Gabel oder einem Messer vorsichtig einschneiden, um zu überprüfen, ob sie durch sind.

Huhn-Avocado-Wrap

Für 2 Personen
Protein: 27 g, GL: 6

»To wrap« heißt auf Englisch »einwickeln«, und genau das ist auch ein »Wrap« *(sprich: räp)*: verschiedenste leckere Zutaten, die in eine dünne Flade (meist Tortilla) eingewickelt werden. Also eine modernere Form des belegten Brotes – man isst weniger Brot und damit mehr vom köstlichen Inhalt.

Der Fantasie sind bei Wraps keine Grenzen gesetzt. Wichtig ist nur, dass genug Gemüse (so viel hineinpasst) und ein wenig Eiweiß dabei sind. Hier ist eine besonders köstliche Variante:

ZUTATEN

1 mittelgroße Hühnerbrust
½ Avocado, Fruchtfleisch in Streifen geschnitten und mit ein wenig Zitronensaft beträufelt
2–4 Tortillas (je nach Größe, gibt's bei uns leider oft nur aus Weißmehl – weil aber der Wrap so voller guter Dinge steckt, ist das in diesem Fall ok. Tortillas sind einfach soooo praktisch)
2 TL Senf
2 TL Mayonnaise
1 Tomate, in Würfel geschnitten
1 kleines Stück Salatgurke (oder anderes knackiges Gemüse, z. B. ein Stück Paprika), in schmale Streifen geschnitten
1 paar Salatblätter, in feine Streifen geschnitten

WERKZEUG

Brett, Messer
Pfanne
Pfannenwender

1 Die Hühnerbrust salzen und pfeffern (wer mag, kann sie auch noch mit Paprika einreiben) und in ein wenig Olivenöl in einer Pfanne von jeder Seite ein paar Minuten braten, bis sie gar ist. Das Fleisch quer in schmale Streifen schneiden.

2 Die Tortillas auflegen (wer mag, kann sie vorher kurz im Ofen oder in einer trockenen Pfanne erhitzen, das macht sie geschmeidiger) und die Mitte mit je 1 TL Senf und Mayonnaise bestreichen. Die Hälfte des Huhns und des Gemüses darauf verteilen.

3 Wrap wickeln: Dazu die Tortilla so hinlegen, dass die Füllung von einem wegzeigt (also von 6 Uhr auf 12 Uhr). Zuerst die »kurze« Seite einschlagen (von 6 Uhr her auf die Füllung klappen), dann von einer der beiden »langen« Seiten (also z. B. von 3 Uhr) her aufrollen.

VARIATION

Statt Hühnerbrust, Avocado und Salat kann man auch Thunfisch, geröstete Paprika (aus dem Glas) und eine Handvoll Alfalfasprossen verwenden.

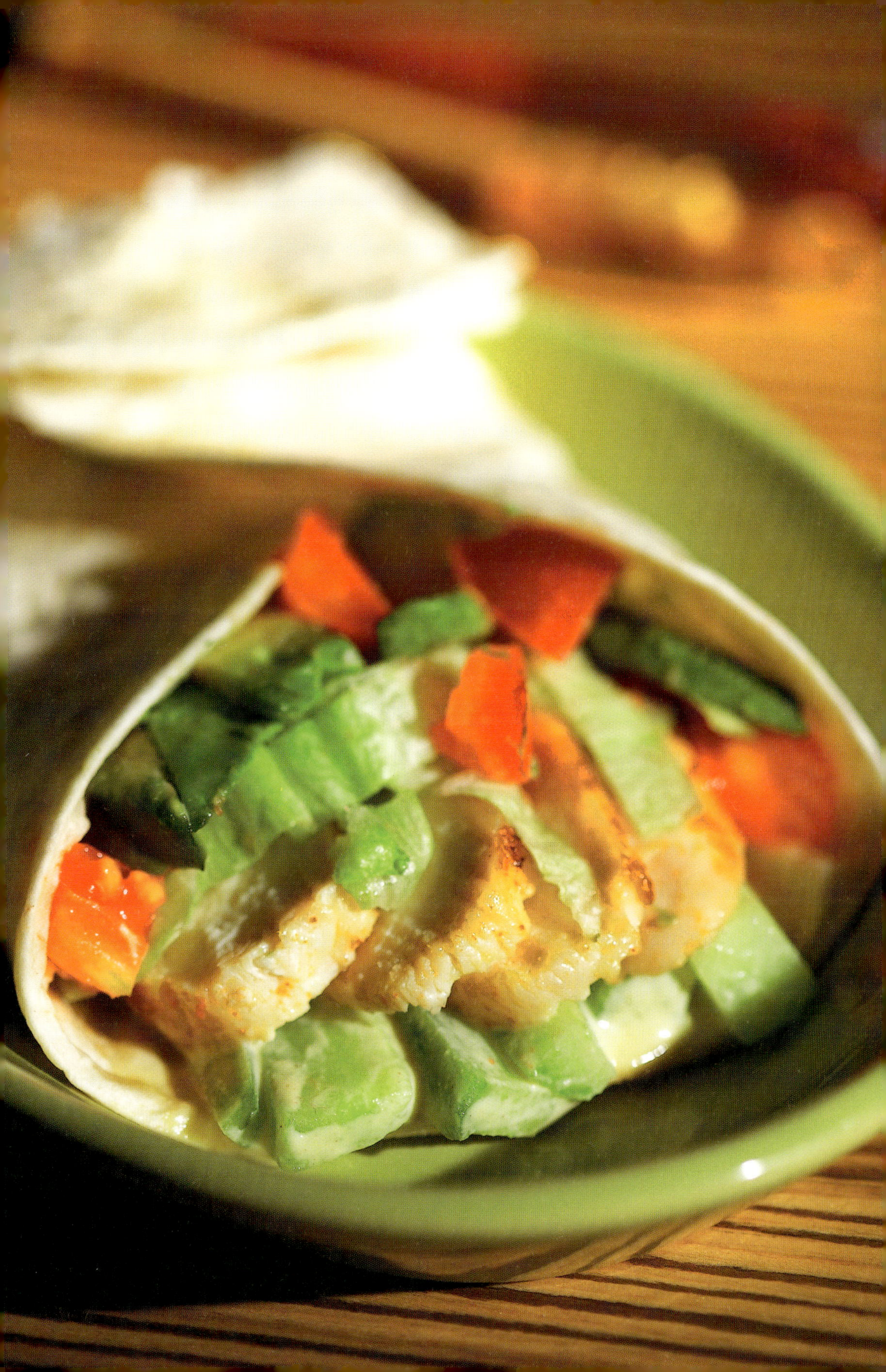

Salade Niçoise

Für 2 Personen
Protein: 28 g, GL: 8

ZUTATEN

3 kleine Kartoffeln, geschält und in bissgroße Stücke geschnitten
1 Handvoll Fisolen (grüne Bohnen), möglichst dünne, die Enden abgeschnitten und halbiert
2 große Handvoll Blattsalat, gewaschen und trocken geschleudert
3 Tomaten, in Stücke geschnitten
150 g Thunfisch (Dose oder frisch)
1 Ei
½ rote Zwiebel
2 EL schwarze Oliven
4 Sardellenfilets
½ TL Dijon-Senf
4 EL Ölivenöl
Zitronensaft

WERKZEUG

Topf (mit Dämpfeinsatz)
kleiner Topf
Brett, Messer
Schraubverschlussglas oder Schüssel mit Saucenbesen
Schüssel
Salatschleuder

1 Die Kartoffeln auf ein Dämpfsieb geben und ca. 10 Minuten dämpfen, bis sie gar sind. Fisolen auf die Kartoffeln legen und 5 Minuten mitgaren lassen.
2 Inzwischen das Ei hart kochen (ca. 8–10 Minuten).
3 Zwiebel in hauchdünne Ringe schneiden.
4 4 EL Olivenöl, ein wenig Zitronensaft, Salz und Pfeffer mit dem Senf in ein gut verschließbares Glas geben und kräftig schütteln. Die Zwiebel in eine Schüssel geben und die Marinade darübergießen. Kurz stehen lassen.
5 Den Thunfisch (Dose) abtropfen lassen oder den frischen Thunfisch kurz von allen Seiten in ein wenig Olivenöl anbraten (nur ½ Minute auf jeder Seite) – mit Salz und Pfeffer würzen. In Scheiben schneiden – der Thunfisch soll innen noch sehr rosa sein.
6 Den Blattsalat, die Tomaten, die Kartoffeln und die Bohnen mit der Marinade vermischen, den Salat auf zwei Tellern anrichten und je ½ Ei und den halben Thunfisch, die Sardellen und die Oliven daraufverteilen.

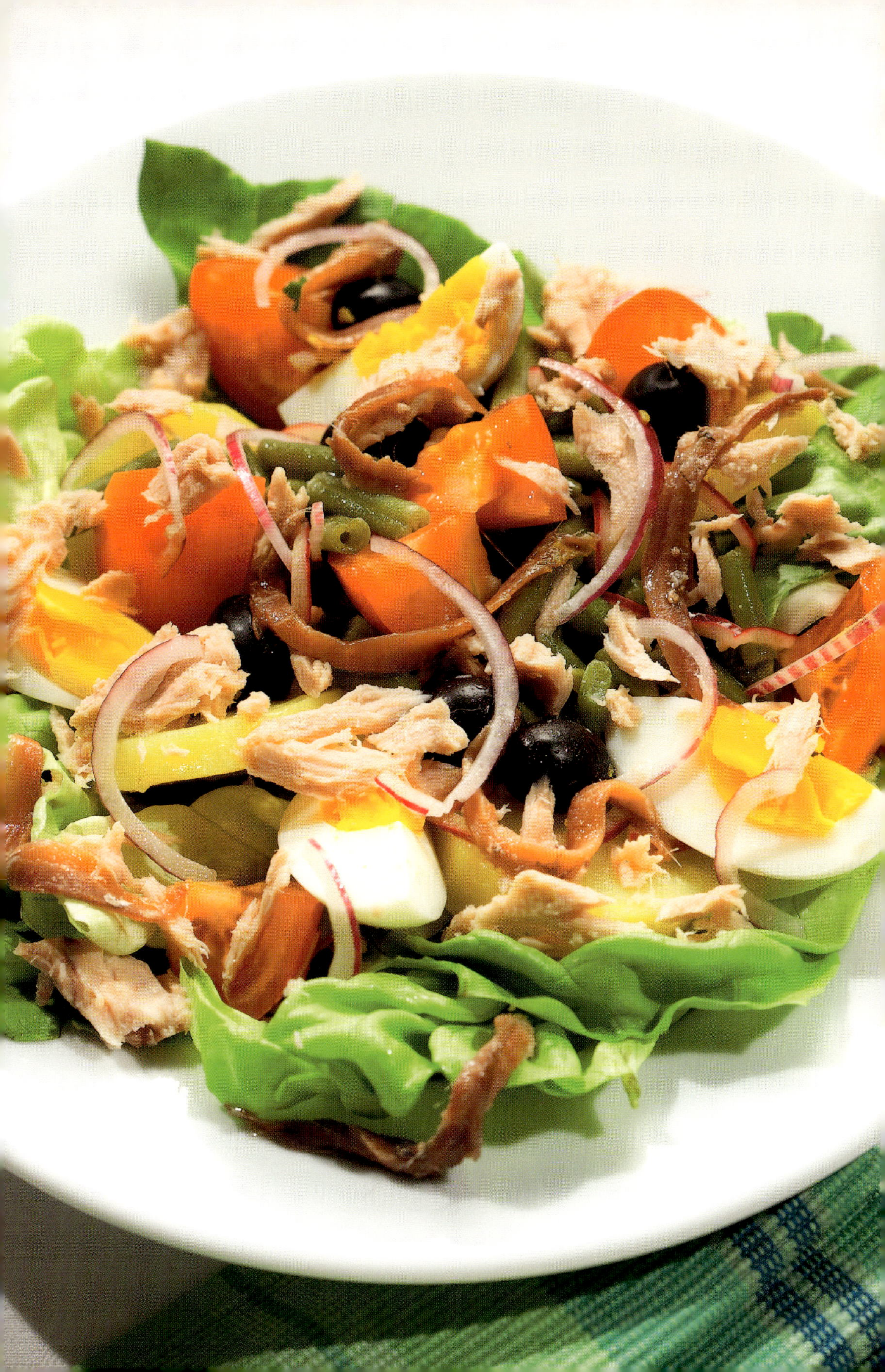

Chili-Limetten-Hühnerspieße

Für 2 Personen
Protein: 20 g, GL: 1

ZUTATEN

200 g Hühnerbrustfleisch
2 Limetten, unbehandelt (oder vollbiologisch)
½–1 TL gemahlenes Chilipulver, je nach Schärfe und Geschmack
1 Prise Paprika
1 Knoblauchzehe, ganz fein gehackt

WERKZEUG

Holz- oder Metallspieße
Brett, Messer
Schüssel
Reibe oder Zestenreißer
Zitronenpresse
Backblech oder Grill

1 Holzspieße in kaltem Wasser einweichen.

2 Das Hühnerfleisch in 2 cm breite Streifen schneiden und in eine Schüssel geben.

3 Die Schale von einer Limette abreiben, fein hacken und mit dem Chilipulver, dem halben Saft der gleichen Limette, Knoblauch und Paprika und 1 EL Olivenöl vermischen. Die Gewürzmischung über das Fleisch geben und gut ins Fleisch einreiben (große Knoblauchstücke evtl. entfernen – die können beim Grillen bitter werden).

4 Das Fleisch ziehharmonikaartig (oder auch: im Zickzack) auf die Spieße stecken.

5 Auf dem Holzkohlengrill (direkt über der Glut, es sollte kein Öl runtertropfen) oder am Backblech unter dem Grill 10–12 Minuten von beiden Seiten grillen, bis das Fleisch gar ist. Mit den Vierteln der zweiten Limette servieren.

DAZU PASST: Gurkensalat oder grüner Salat und Ofenkartoffeln; gut passt auch Gemüse aus dem Paket (siehe »Die Walleczek-Methode – Ohne Diät zum Wunschgewicht«).

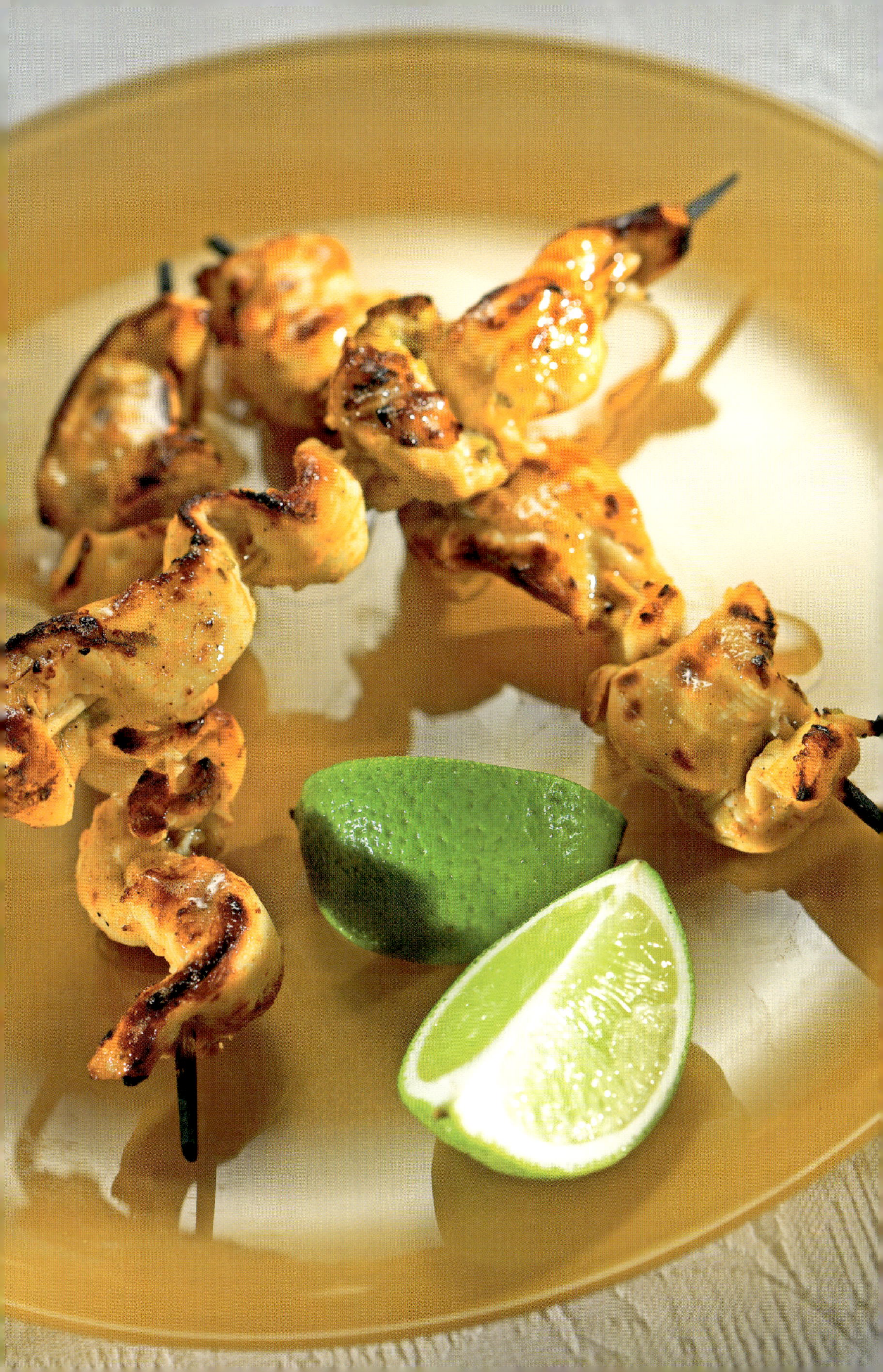

Fischsuppe mit Mais
(Fish Corn Chowder, sprich Fisch Korn Tschauder)

Für 2 Personen
Protein: 30 g, GL: 14

Fischsuppen mit Mais und Obers sind sehr typisch für die Ostküste der USA – dort werden sie sogar manchmal in einem ausgehöhlten Brotlaib serviert.

ZUTATEN

1 dünner Streifen Frühstücksspeck
2 Stangen Sellerie, in kleine Würfel geschnitten
1 Lauch, der Länge nach halbiert und gewaschen, dann quer in feine Ringe geschnitten
1 Brühwürfel (vollbiologisch und ohne Geschmacksverstärker!)
2 mittelgroße Kartoffeln, geschält und in Würfel geschnitten
1 Tasse gefrorener Mais oder Maiskörner, die man von einem Maiskolben schneidet
ca. 300 g Seelachs oder anderen, festfleischigen Fisch, in bissgroße Stücke geschnitten
½ Zitrone, Teil der Schale abgerieben und fein gehackt
1 TL Thymian (frisch, wenn möglich), fein gehackt
3 EL Schlagobers
1 EL Schnittlauch, fein gehackt

WERKZEUG

Brett, Messer
großer Topf
Kochlöffel
Reibe oder Zestenreißer

1 Den Speck in Würfel oder Streifen schneiden und in einem großen Topf knusprig braten.
2 Ein wenig Öl in den Topf geben (»einmal um die Pfanne«) und Sellerie und Lauch dazugeben und dünsten, bis das Gemüse gerade anfängt weich zu werden. 2 Tassen Wasser, den Brühwürfel, Kartoffeln, Mais und ein bisschen abgeriebene Zitronenschale dazugeben und zum Kochen bringen. Auf kleiner Flamme köcheln lassen, bis die Kartoffeln gerade gar sind, ca. 8–10 Minuten.
3 Den Fisch und Thymian unterrühren und ganz sanft köcheln lassen (eigentlich zieht der Fisch nur gar), ca. 4 Minuten.
4 Das Schlagobers unterrühren und mit Zitronensaft abschmecken. Mit Schnittlauch bestreut servieren.

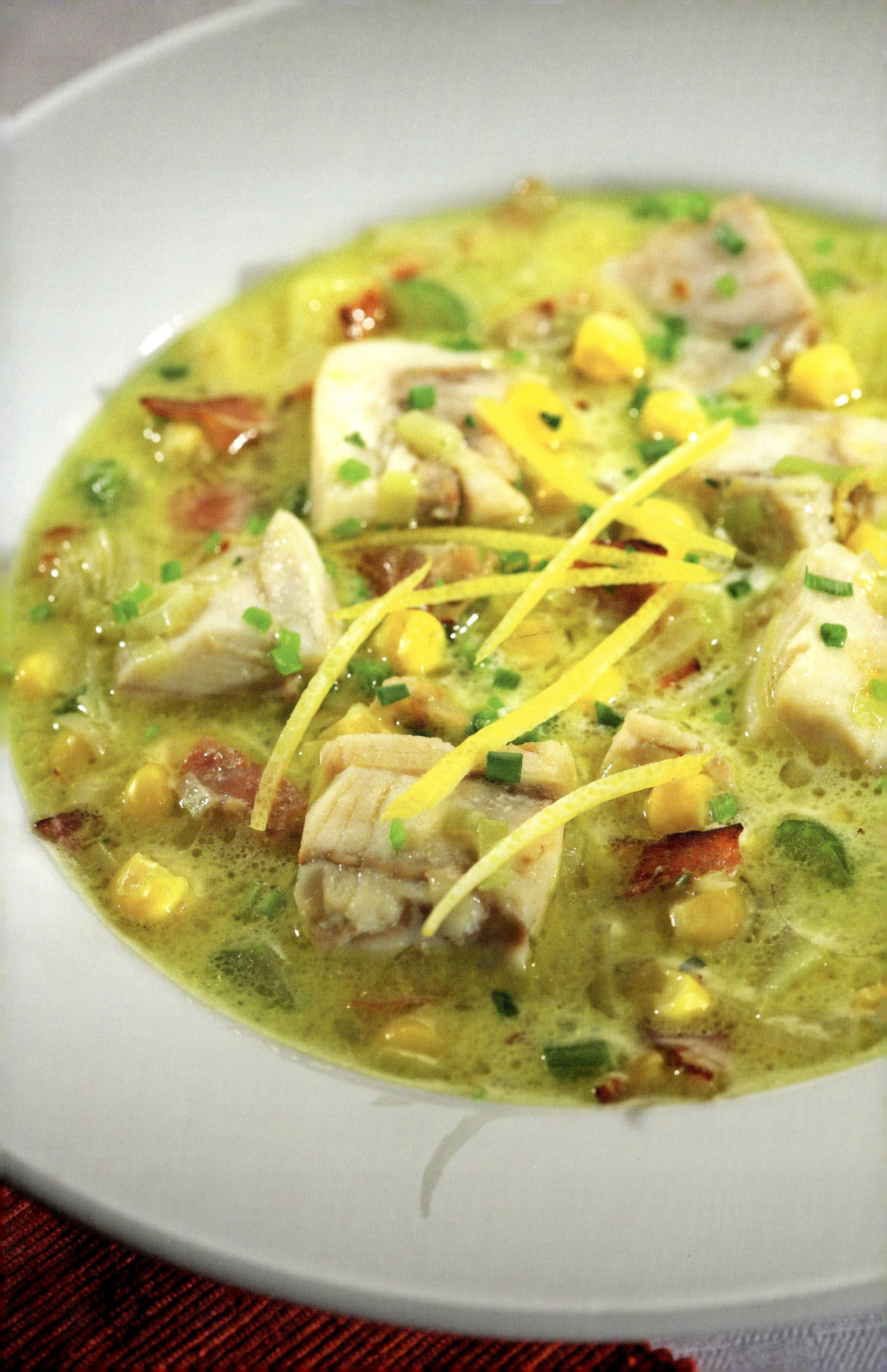

Schnelle Sommerpasta

Für 2 Personen
Protein: 22 g, GL: 15

ZUTATEN

100 g Vollkorn-Spaghetti
4–5 Tomaten oder 2 Handvoll Cherry-Tomaten
2 große Handvoll Rucola
3 EL Kalamata-Oliven
½ TL Chilipaste (nach Geschmack)
150 g Feta
½ Zitrone

WERKZEUG

Topf
Nudelsieb
Brett, Messer
Schüssel

1 Wasser mit einer Prise Salz zum Kochen bringen. Die Nudeln »al dente« kochen.
2 Inzwischen die Tomaten in Würfel schneiden, den Rucola in kleinere Stücke schneiden und die Oliven entkernen und grob hacken. Den Feta in Würfel schneiden.
3 Die abgetropften Nudeln mit einem Schuss Olivenöl und der Chilipaste vermischen und mit Salz und Pfeffer würzen – ein wenig Zitronensaft darübergeben.
4 Die Nudeln auf zwei Teller verteilen und je die Hälfte des Gemüses und Käses daraufverteilen.

VARIATION

Statt des Fetas kann man auch 150 g Garnelen verwenden: Einfach in der Pfanne mit ein wenig Olivenöl und Knoblauch anbraten.

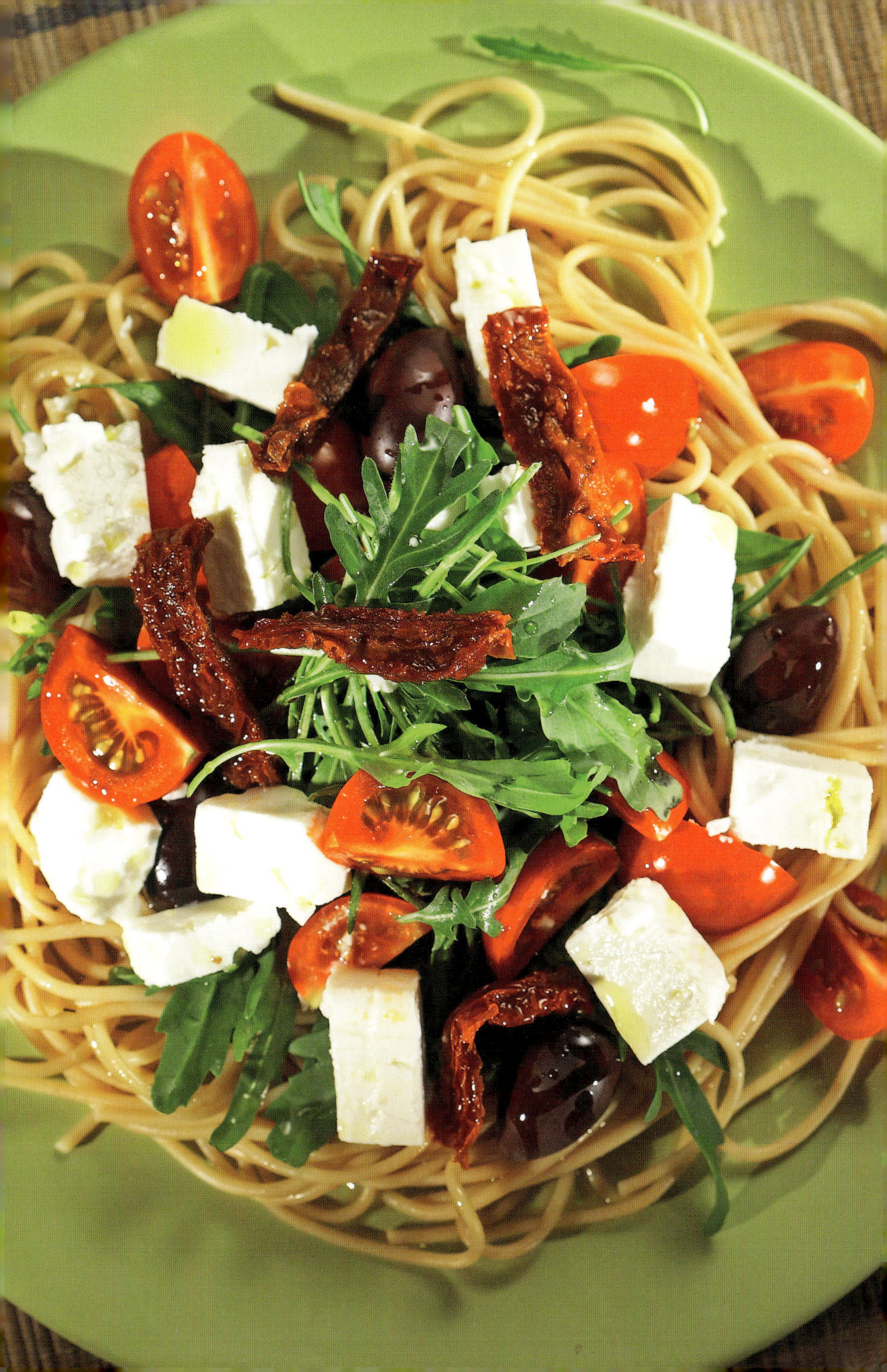

Spinat-Paprika-Frittata

Für 2 Personen
Protein: 26 g, GL: 5

ZUTATEN

3 Eier
1 Tasse Milch
200 g gefrorener Blattspinat, aufgetaut, ausgedrückt und fein gehackt
3–4 Frühlingszwiebeln, fein gehackt
2 EL geröstete Paprika (aus dem Glas), in Streifen geschnitten
100 g Feta-Käse, zerbröckelt
Muskatnuss

WERKZEUG

Brett, Messer
ofenfeste Form
Schüssel

1   Den Ofen auf 180 °C vorheizen.
2   Eine ofenfeste Form mit ein wenig Butter ausstreichen.
3   Eier und Milch gut verquirlen, mit Salz, Pfeffer und ein wenig Muskatnuss würzen.
4   Spinat, Käse und Frühlingszwiebeln unterrühren und in die Form gießen.
5   Paprikastreifen daraufverteilen. Leicht auf den Paprika drücken, damit die Eimasse teilweise darüberrinnt.
6   Im Ofen ca. 20–30 Minuten backen, bis die Oberfläche schön braun und die Frittata leicht aufgegangen ist. 15 Minuten stehen lassen. Wenn man sie in Stücke schneiden will, 15 Minuten stehen lassen, damit sie fester wird.

DAZU PASST: ein Stück Vollkornbrot und ein grüner Salat

Tomatencurry mit Pute

Für 2 Personen
Protein: 28 g, GL: 10

ZUTATEN

ca. 200 g Putenbrust (oder Hühnerbrust), in Stücke geschnitten
2 Zwiebeln, geschält und gehackt
1 kleine Zucchini, in kleine Stücke geschnitten
2 Karotten, in Stücke geschnitten
1 Knoblauchzehe, fein gehackt oder gepresst
1 Dose geschälte, gestückelte Tomaten
½ Dose Kokosmilch
1–2 EL Currypulver

1 Die Zwiebeln in ein wenig Olivenöl glasig dünsten. Das Fleisch hinzugeben und von allen Seiten anbraten. Jetzt erst den Knoblauch und das Currypulver dazugeben und 1–2 Minuten weiterdünsten.
2 Die restlichen Gemüse dazugeben, kurz umrühren und die Tomaten und die Kokosmilch unterrühren. Mit einem Deckel verschließen und ca. 20–30 Minuten köcheln lassen.

WERKZEUG

Brett, Messer
Wok oder tiefe Pfanne mit Deckel

VARIATION

Statt der Pute kann man auch Tofu verwenden

DAZU PASST: *eine kleine Handvoll Reis, Reisnudeln oder Nudeln*

Warmer Zuckerschotensalat mit Feta

Für 2 Personen
Protein: 16 g, GL: 6

Schmeckt warm und kalt!

ZUTATEN

2 Handvoll Zuckerschoten, im Ganzen, aber Fäden entfernt
2 Handvoll Cherrytomaten, halbiert
4–5 Basilikumblätter, in feine Streifen geschnitten
150 g Fetakäse, zerbröckelt
ca. 1 EL Balsamico-Essig

WERKZEUG

Brett, Messer
Pfanne
Kochlöffel

1 In einer großen Pfanne die Zuckerschoten ganz kurz (2–3 Minuten) in ein wenig Olivenöl (»einmal um die Pfanne«) anbraten, bis sie kräftig grün sind.
2 Tomaten und Basilikum unterrühren und 1 Minute weiterrühren.
3 Mit Salz und Pfeffer würzen, den Feta unterrühren, die Pfanne vom Feuer ziehen und den Salat mit ein wenig Balsamico-Essig beträufeln.

DAZU PASST: *ein Stück Vollkornbrot*

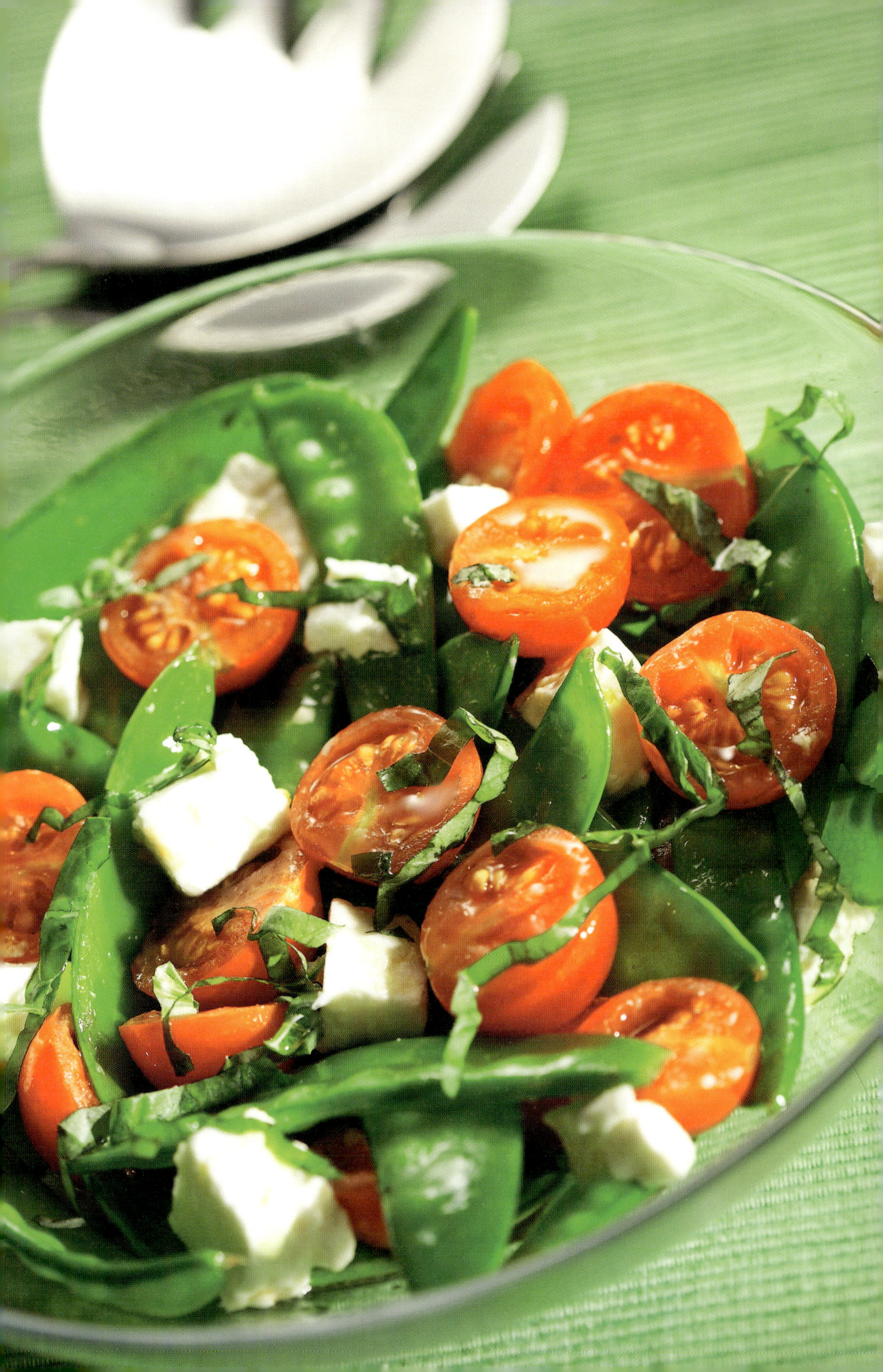

Fajitas
(sprich: Fahitas)

Für 2 Personen
Protein: 29 g, GL: 14

ZUTATEN
400 g Hühnerbrust, in Streifen geschnitten
Saft von 1 Limette
1 TL gemahlener Kreuzkümmel
2 rote Zwiebeln
2 gelbe Paprika, gesäubert und in schmale Streifen geschnitten
4 Knoblauchzehen
8 Weizentortillas (ca 20 cm groß)

FRISCHE TOMATEN-SALSA
350 g Tomaten, am besten sehr fleischige (4–5 Stück), entkernt und in kleine Würfel geschnitten
¼ rote Zwiebel, ganz fein gehackt
1 ganzer oder 1 Stück von 1 Jalapeno- oder Serrano Chilischote (oder anderer frischer Chili), entkernt und die weißen Rippen entfernt, damit es weniger scharf wird
1 kleine Knoblauchzehe, ganz fein gehackt
¼ Tasse frischer Koriander
Saft von einer Limette
Salz

WERKZEUG
Brett, Messer
2 Schüsseln (Deckel oder Teller zum Zudecken)
Pfanne
Kochlöffel, Alufolie

ZUM SERVIEREN
Sauerrahm *(ca. 1 EL pro Person)*
evtl. 1 Avocado *– mit der Gabel zerdrückt und mit Zitronensaft verrührt*
1 halber Salatkopf, *gewaschen, trocken geschleudert und in feine Streifen geschnitten*

SERVIEREN
Alle »Zutaten« in getrennten Schüsseln auf den Tisch stellen. Jeder stellt sich seine eigene Fajita zusammen. Dazu je eine Tortilla-Flade mit gebratenem Gemüse, Fleisch, Tomaten-Salsa, Salatstreifen und evtl. ein wenig zerdrückter Avocado und/oder einem kleinen Löffel Sauerrahm füllen und zusammenrollen. Fajitas isst man mit der Hand.

1 Den Ofen auf 180 °C vorheizen. Fleisch in eine Schüssel geben und gut mit Limettensaft, Kreuzkümmel, 1 TL Salz und ¼ TL Pfeffer verrühren. Zudecken und bei Zimmertemperatur mind. 20 Minuten, aber besser 1 Stunde marinieren lassen.
2 Für die Salsa alle Zutaten in einer Schüssel vermischen und ca. 15 Minuten ziehen lassen. Hält sich ungekühlt ca. 2 Stunden, im Kühlschrank bis zu 3 Tage.
3 1 EL Olivenöl in einer Pfanne erhitzen. Fleisch ein paar Minuten von allen Seiten anbraten, bis es gar ist. Fleisch zugedeckt beiseite stellen.
4 In der gleichen Pfanne noch ein wenig Öl erhitzen. Zwiebeln, Paprika und Knoblauch hinzufügen und mit Salz und Pfeffer würzen. Unter Rühren braten, bis das Gemüse beginnt weich zu werden, ca. 10 Minuten.
5 Währenddessen den Stapel Tortillas in Aluminiumfolie wickeln und im Ofen backen, bis sie durchgewärmt sind, ca. 10–15 Minuten.

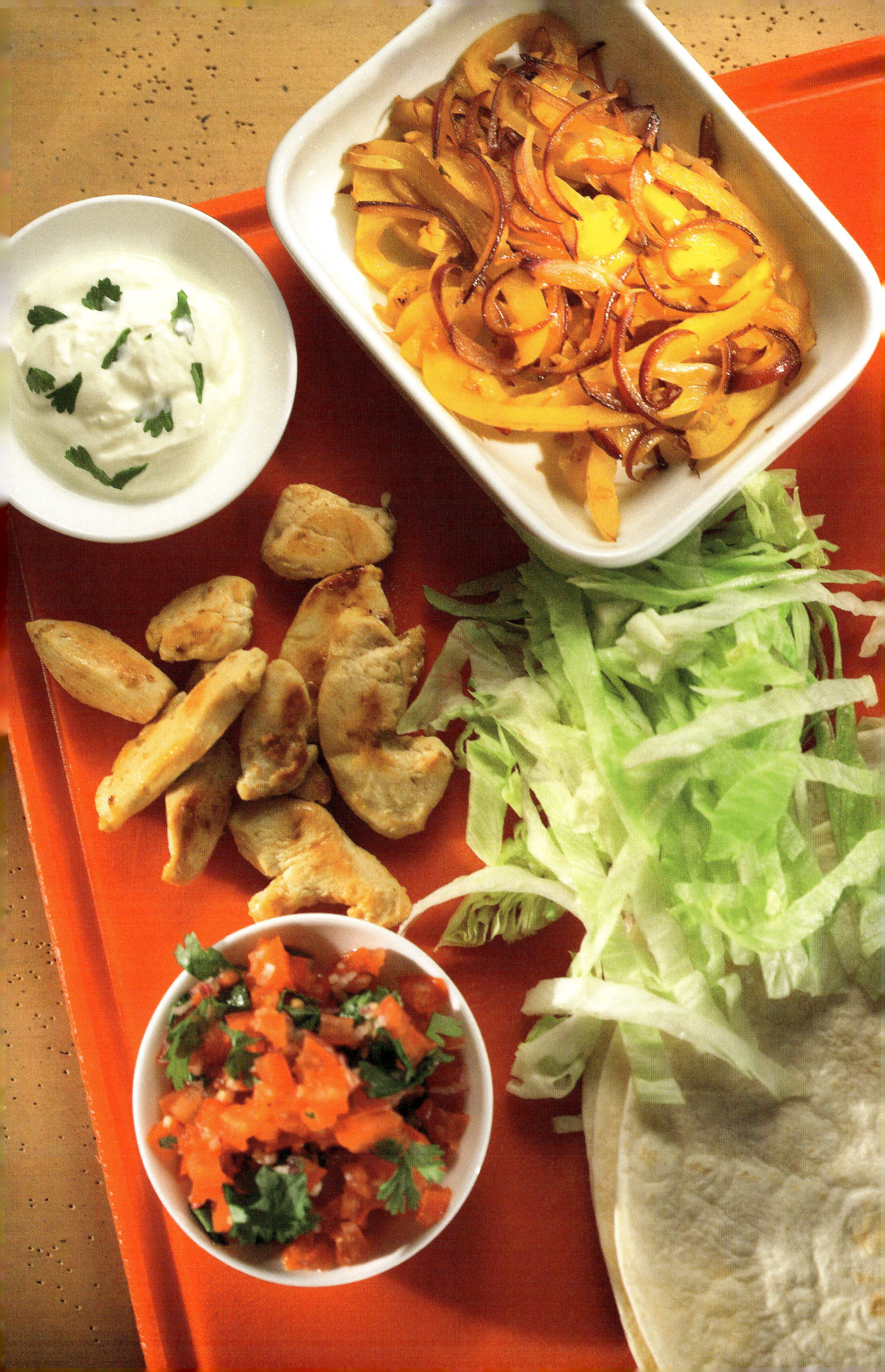

Mango-Avocado-Salat

Für 2 (4) Personen
Protein: 4 g, GL: 11

Eine tolle Vorspeise oder Beilage zu gegrilltem oder gebratenem Fisch. Ist aber keine vollständige Mahlzeit in sich selbst, da das Eiweiß fehlt.

ZUTATEN

1 Mango
2 Avocados
3 EL Olivenöl
1–2 EL Balsamico-Essig
1 Handvoll frisches Basilikum
Salz, Pfeffer

WERKZEUG

Brett, Messer
Schüssel

1 Die Mango vom Stielansatz her längs halbieren, dabei knapp am Kern entlangschneiden. Die zweite Hälfte auch vom Kern lösen. Restliches Fruchtfleisch vom Kern schneiden. Die Mangohälften quer in Streifen teilen, das Fruchtfleisch von der Schale lösen und in bissgroße Stücke schneiden.
2 Die Avocados halbieren, den Kern entfernen und in der Schale in Würfel schneiden (dazu längs und quer ein paar Mal einschneiden, ohne die Schale zu verletzen). Mit einem Löffel das Fruchtfleisch aus der Schale heben, sodass es in Würfel zerfällt.
3 Avocadowürfel und Mangostücke vermischen. Aus Olivenöl, Essig, Salz und Pfeffer eine Salatsauce rühren und mit dem Salat vermengen. Die Basilikumblätter zerzupfen und über den Salat streuen.

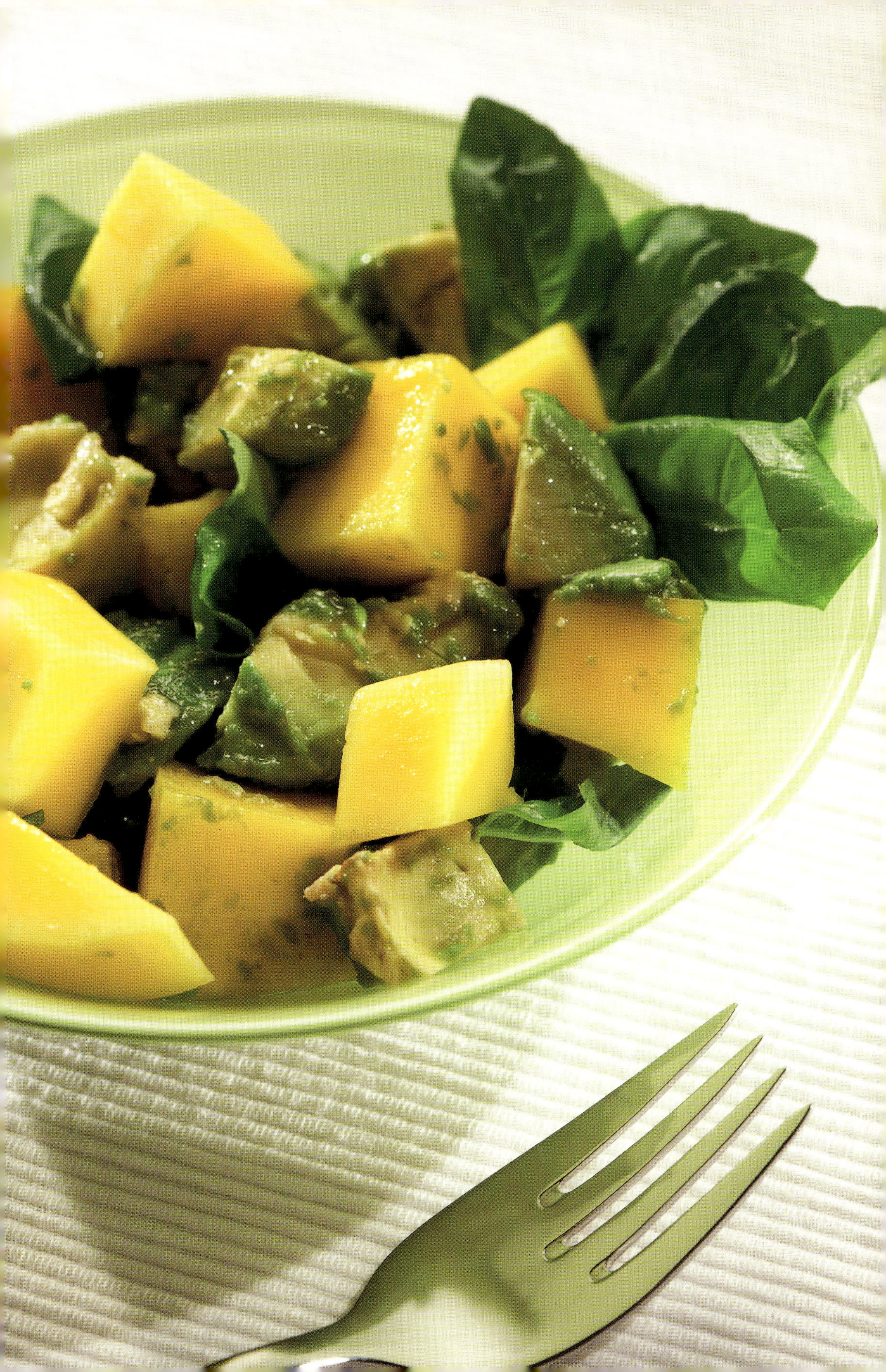

Was mache ich mit Roten Rüben?

Rote Rüben sind toll für die Leber und schmecken hervorragend. Wenn man sie nicht fertig gekocht kauft, dann sollte man bei der Zubereitung unbedingt Gummihandschuhe tragen – die Farbe ist unglaublich schön, aber auch unglaublich hartnäckig.

Rote Rüben kann man theoretisch auch roh essen (schmecken auch gut in Gemüsesäften und geben diesen eine tolle Farbe), werden aber meist gekocht gegessen. Wenn man sie im Ganzen kocht, dann brauchen sie sehr lange, bis sie gar sind. Daher kaufe ich oft lieber die fertig gegarten und in Folie verpackten Roten Rüben – geht schneller, wenn man wenig Zeit hat.

Hier ist mein Lieblingsrezept:

Schnelles Rote-Rüben-Gemüse

Für 1 Person
Protein: 4 g, GL: 13

ZUTATEN
2–3 Rote Rüben
Zitronensaft
1–2 TL Sauerrahm

WERKZEUG
Handschuhe
Brett, Messer
Reibe
Pfanne
Kochlöffel

1 Die Roten Rüben schälen (Achtung: Gummihandschuhe anziehen!) und grob raspeln.
2 In einer Pfanne mit ein wenig Olivenöl andünsten und ca. 5–10 Minuten weiterdünsten – immer wieder umrühren. Evtl. ein wenig Wasser dazugießen.
3 Mit Salz, Pfeffer und Zitronensaft abschmecken. Wer sich traut, rührt zum Schluss noch 1–2 TL Sauerrahm unter – die Farbe wird dadurch besonders dramatisch.

Was mache ich mit Süßkartoffeln?

Es gibt die verschiedensten Arten von Süßkartoffeln. Die meisten, die es bei uns zu kaufen gibt, haben ein orangefarbenes Fruchtfleisch und schmecken süßer als Kartoffeln mit einem Hauch von Karotte. Wenn Sie andere Sorten bekommen können, probieren Sie sie auf jeden Fall aus. Es gibt welche, die schmecken wie eine Mischung aus Kartoffel und Maroni.

Man kann Süßkartoffeln verwenden wie normale Kartoffeln, man kann sie also kochen, braten, im Rohr backen und pürieren.

Süßkartoffeln aus dem Ofen

Für 2 Personen
Protein: 3 g, GL: 14

ZUTATEN
pro Person eine Faustgröße Süßkartoffeln

WERKZEUG
Gabel
Backblech

1 Die Süßkartoffeln gut waschen. Ofen auf 200 °C vorheizen.

2 Die Kartoffeln mehrmals mit einer Gabel einstechen (sie tendieren sonst dazu, im Ofen zu »explodieren«).

3 Im Ofen (je nach Größe der Kartoffeln) 40–50 Minuten backen. Mit einer Gabel einstechen, um zu überprüfen, ob sie gar sind.

Was mache ich mit Fenchel?

Viele mögen keinen Fenchel, aber er ist so vielseitig, dass man ihn nicht so schnell aufgeben sollte! Geröstet hat er einen ganz anderen Geschmack – probieren Sie es aus!

Gerösteter Fenchel

Für 2 Personen
Protein: 4 g, GL: 3

ZUTATEN

1 Fenchelknolle

WERKZEUG

Brett, Messer
Blech
Backpapier

1 Backrohr auf 220 °C Grad vorheizen.

2 Wenn vorhanden, das Grün der Fenchelknolle und die Stiele abschneiden, dann die Knolle in dicke Scheiben schneiden.

3 Diese zuerst gut mit Olivenöl, dann mit Balsamico-Essig einreiben. Scheiben salzen und pfeffern und auf das mit Backpapier belegte Blech legen.

4 15–20 Minuten im Ofen backen, bis die Fenchelscheiben gar sind und die Oberflächen beginnen zu karamelisieren.

Fenchelsalat

Für 2 Personen
Protein: 6 g, GL: 4

ZUTATEN
1 Fenchelknolle
3 große Tomaten
1 TL Fenchelsamen
1 TL Dijon-Senf
ein wenig frischer Estragon, gehackt

WERKZEUG
Schüssel
Brett, Messer
evtl. Küchenmaschine

1 Den Fenchel in ganz feine Scheiben schneiden oder mit der Küchenmaschine fein schneiden. Tomaten in Stücke schneiden.

2 Aus Olivenöl, Essig, Senf und den Fenchelsamen eine Salatsauce rühren. Estragon unterrühren. Gemüse hinzufügen. Dieser Salat wird noch besser, wenn er ein wenig Zeit hatte durchzuziehen.

WAS MACHE ICH MIT .... SOMMER

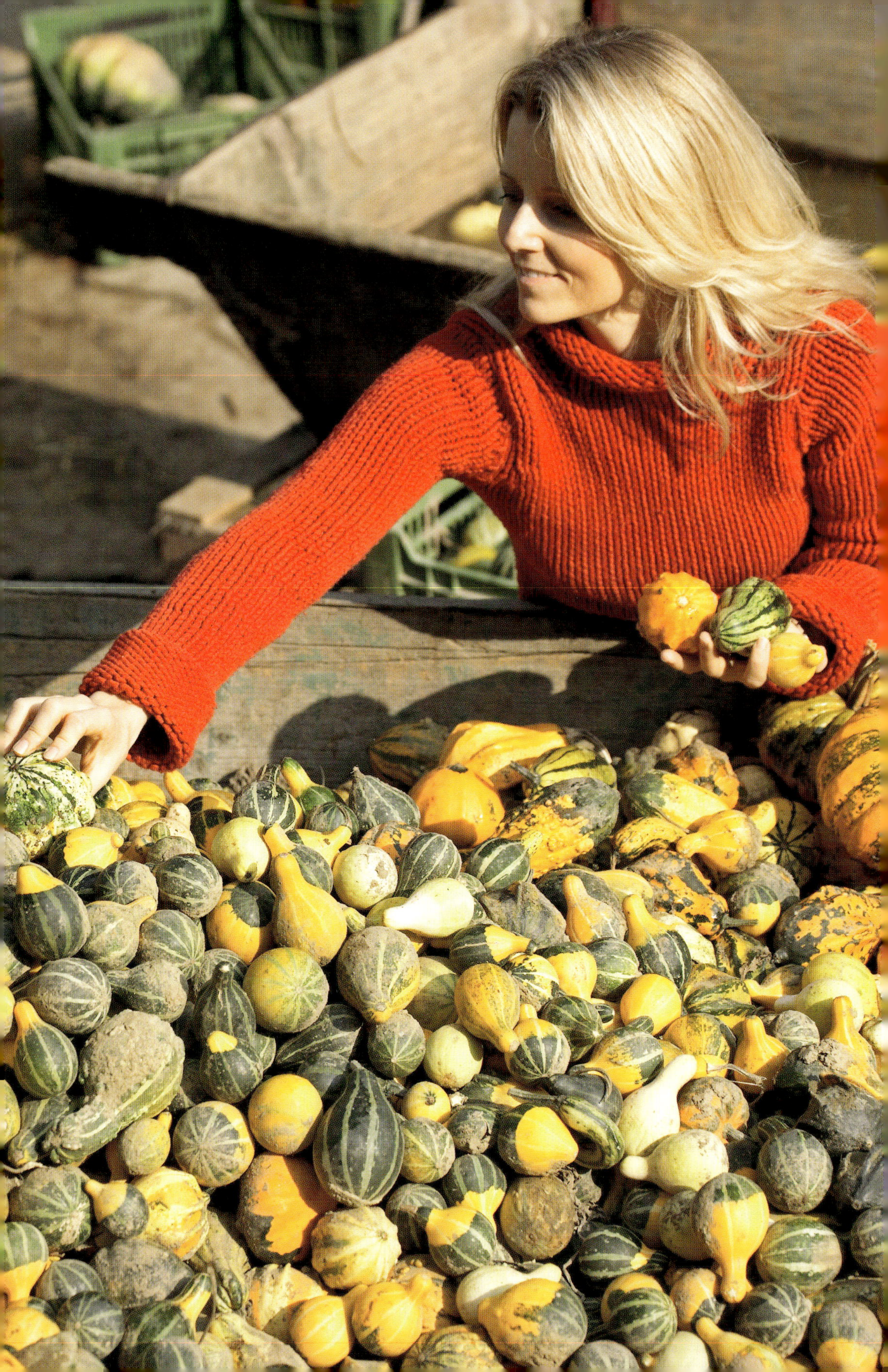

Herbst

Birne
Kür
Kartoffel
Trau
Ä
Walnüsse
Pilze
Kraut
Mais
Karotte
Birne
Kürbis
Trauben Pilze
Äpfel

Eier im Nest

Für 1 Person
Protein: 12 g, GL: 12

ZUTATEN
1 große Scheibe Vollkornbrot
1 Ei
1–2 Tomaten

WERKZEUG
Brett, Messer
Pfanne
Pfannenwender

1 In die Scheibe Vollkornbrot in der Mitte ein ca. golfballgroßes Loch machen.

2 In einer Pfanne ein wenig Butter schmelzen und das Brot von einer Seite anbraten. Die Tomaten halbieren und in der Pfanne mit der Schnittseite nach unten braten.

3 Das Brot umdrehen und fest auf den Pfannenboden drücken. Das Ei aufschlagen und in das Loch im Brot gießen. Ein paar Minuten weiter braten, bis das Eiweiß gar ist. Salzen und pfeffern, vorsichtig aus der Pfanne heben und mit den gebratenen Tomaten servieren.

VARIATION
Statt der Tomaten kann man auch eine große Handvoll Champignons vierteln und in der Pfanne in ein wenig Butter anbraten. Mit Salz, Pfeffer und evtl. ein wenig Zitronensaft oder Petersilie würzen.

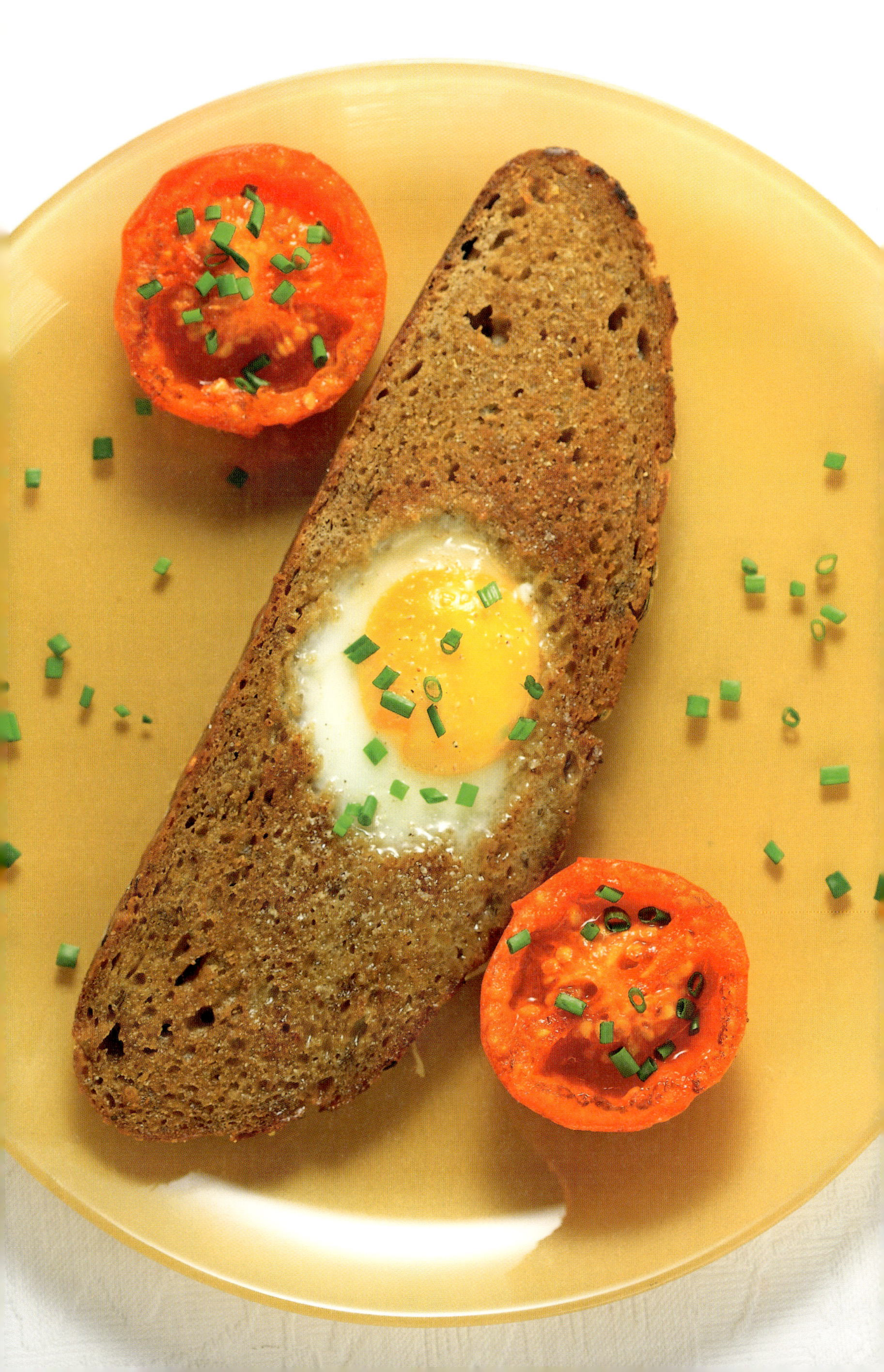

Warmes Birnenmüsli

Für 1 Person
Protein: 10 g, GL: 15

ZUTATEN
3–4 EL Haferflocken, Großblatt (Kleinblatt werden, für meinen Geschmack, zu matschig)
½ kleine Birne
ein Glas (0,2 l) Sojamilch
½ TL Zimt
evtl. ein paar Walnüsse, gehackt

WERKZEUG
Brett, Messer
kleiner Topf

1 Die Birne entkernen und in kleine Stücke schneiden.
2 Die Haferflocken mit Sojamilch zum Kochen bringen und auf ganz kleiner Flamme 5–10 Minuten köcheln lassen, bis die Haferflocken die Sojamilch fast ganz aufgenommen haben.
3 Die letzten paar Minuten die klein geschnittene Birne unterrühren und weich kochen lassen.

DAZU PASST: Wer mag, kann auch noch ein paar Nüsse oder gemahlene Samen darüberstreuen.

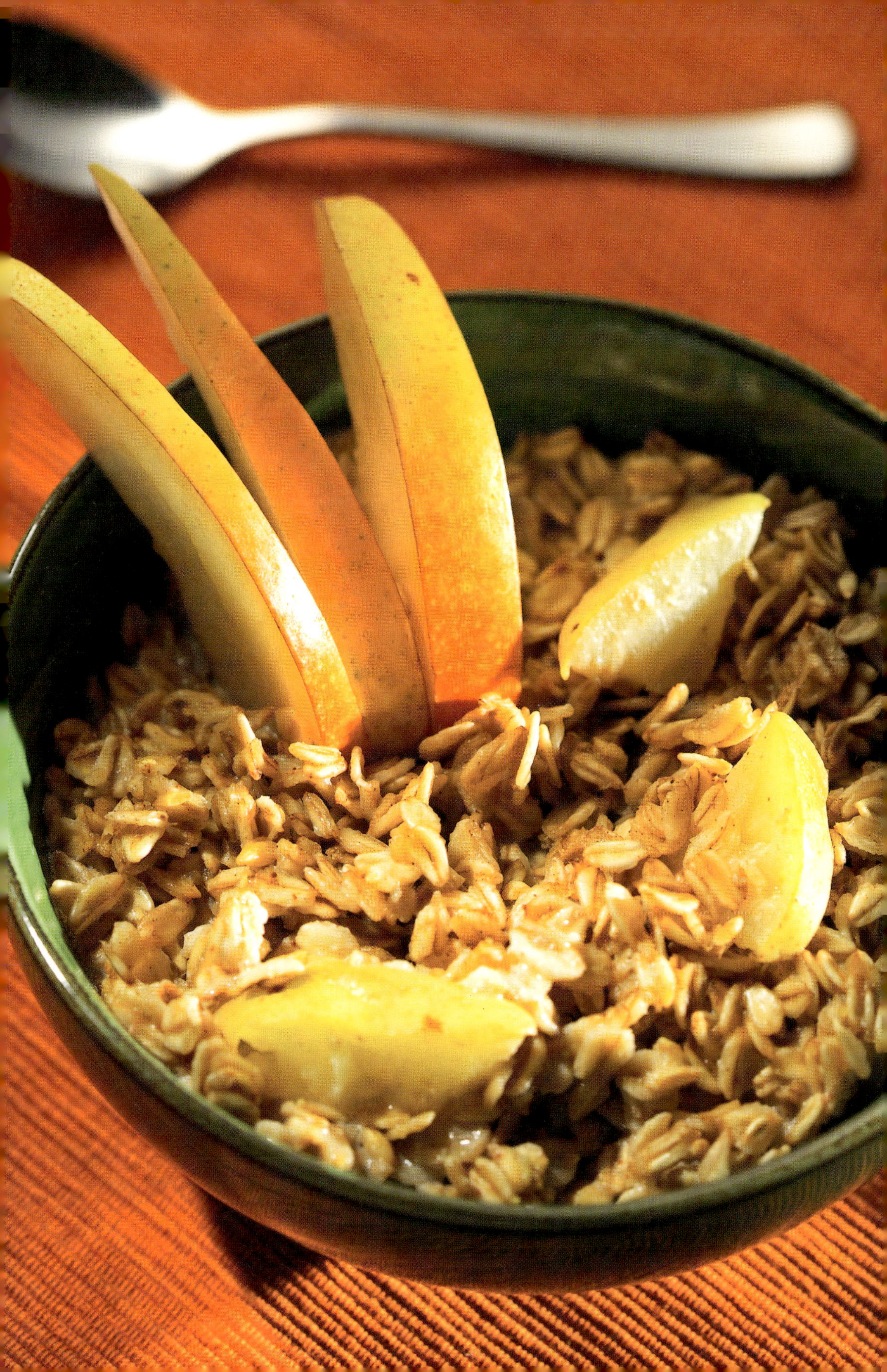

Polenta mit Bananen und Kardamom

Für 1 Person
Protein: 11 g, GL: 15

ZUTATEN
3 gehäufte EL Polenta
ein großes Glas, halb Sojamilch, halb Wasser
3 Kardamomkapseln
½ Banane
2 gehäufte EL Walnüsse

WERKZEUG
Topf
Brett und Messer

1 Sojamilch/Wasser mit Kardamom zum Kochen bringen.
2 Polenta unterrühren, weiterrühren für eine halbe bis 1 Minute, dann von der Platte ziehen und abdecken.
3 Banane in kleine Würfel schneiden, Walnüsse grob hacken und beides unter die Polenta rühren. Kardamomkapseln vor dem Servieren entfernen.

Müsli mit Weintrauben

Für 1 Person
Protein: 14 g, GL: 15

ZUTATEN
1 Handvoll Weintrauben, halbiert
2 EL Haselnüsse
eine Handvoll Haferflocken (ca. 4 EL)
1 großes Glas Milch

WERKZEUG
Brett, Messer
kleine Schüssel
Teekessel oder kleiner Topf

1 Die Haferflocken mit kochendem Wasser übergießen und einige Minuten quellen lassen.
2 Die restlichen Zutaten dazugeben. Fertig!

VARIATION
Müsli kann sich jeder nach Geschmack zusammenstellen: gut schmecken auch klein geschnittene Pflaumen mit einer Prise Zimt. Statt Haferflocken kann man z. B. auch Dinkelflocken verwenden.

Herbstlicher Entgiftungssalat

Für 2 Personen
Protein: 12 g, GL: 12

In unserem Körper ist vor allem die Leber für die Entgiftung zuständig – man kann sie unterstützen, indem man ihr die Nährstoffe zur Verfügung stellt, von denen sie besonders viel braucht. Bei der Entgiftung können Zitronensaft, Kohlgemüse, dunkle Blattgemüse, Rote Rüben, Artischocken und mageres Eiweiß sehr hilfreich sein.

ZUTATEN

2 große Handvoll Blattspinat, gewaschen, trocken geschleudert und die groben Stiele entfernt
2 Rote Rüben (schon fertig gekocht gekauft, sonst auch einige Scheiben von Rotem-Rüben-Salat aus dem Glas)
3 Artischockenherzen aus dem Glas, abgetropft
2 Eier
2 kleine Kartoffeln (evtl. Reste vom Vortag)
Saft von ½ Zitrone
1 TL Dijon-Senf, nach Geschmack

WERKZEUG

Brett, Messer
Topf
kleine Schüssel
große Schüssel
Salatschleuder

1 Die Eier hart kochen (ca. 8–10 Minuten). Wer keine Kartoffeln vom Vorabend hat: Die Kartoffeln schälen, der Länge nach vierteln und in Salzwasser ca. 10 Minuten bissfest kochen.
2 Die Roten Rüben und Artischockenherzen der Länge nach vierteln. Eier mit kaltem Wasser abschrecken, schälen und der Länge nach vierteln.
3 Aus Zitronensaft und ca. 3–4 EL Olivenöl eine Salatsoße rühren. Wer mag, kann auch 1 TL Senf unterrühren. Mit Salz und Pfeffer abschmecken.
4 Das halbe Dressing in eine Schüssel geben und die Spinatblätter damit vermischen und auf zwei Tellern anrichten. Das restliche Dressing in die Schüssel geben, das Gemüse kurz darin schwenken und auf dem Spinat verteilen. Die Ei-Viertel auf den Salaten verteilen.

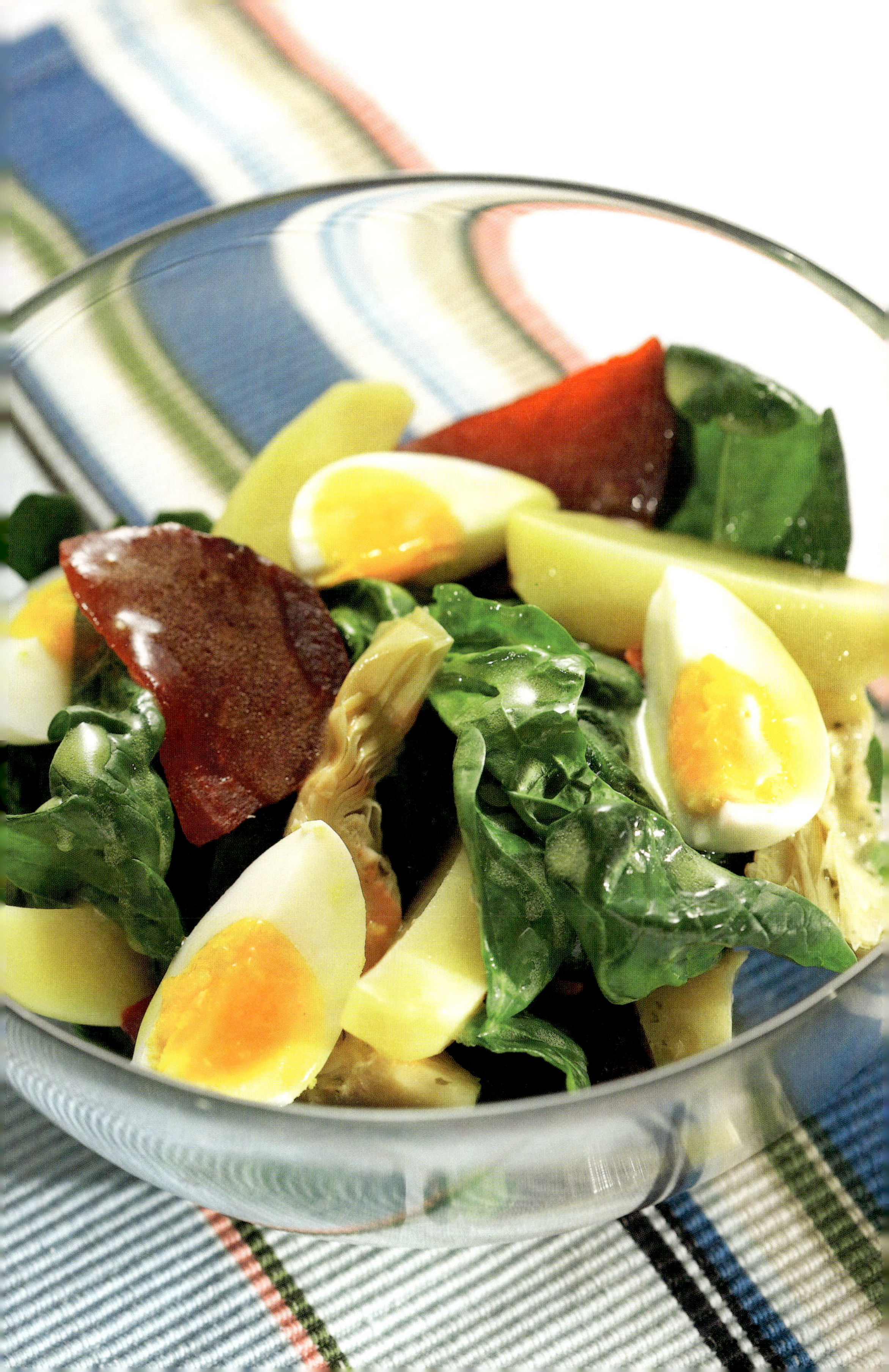

Linsensalat mit Pilzen und Spinat

Für 2 Personen
Protein: 17 g, GL: 8

Dieser Salat schmeckt sehr gut lauwarm als Abendessen oder kalt auch am nächsten Tag, z. B. als Mittagessen im Büro.

ZUTATEN

1 Tasse Château-Linsen (oder Champagner-Linsen, Puy-Linsen oder Beluga-Linsen); brauchen alle nicht eingeweicht zu werden, sind schnell gar und behalten beim Kochen ihre Form
2 Tomaten, in bissgroße Stücke geschnitten
2 Handvoll Pilze, z. B. Crimini-Pilze oder Champignons
2 große Handvoll Blattspinat, gewaschen, trocken geschleudert und grobe Stiele entfernt
2 Karotten, in bissgroße Stücke geschnitten
1 EL Balsamico-Essig
Olivenöl
2 TL Kreuzkümmel (= Cumin oder Mutterkümmel)

WERKZEUG

Topf
Brett, Messer
Pfanne
evtl. kleine Pfanne und Mörser
Schüssel

1 Die Linsen mit reichlich Wasser zum Kochen bringen und ca. 15 Minuten sprudelnd kochen, bis sie gar sind. Wasser nicht salzen! Danach die Linsen abgießen und abtropfen lassen.
2 Inzwischen die Pilze putzen, evtl. Stiele entfernen und vierteln oder in Stücke schneiden. Die Pilze mit ein wenig Olivenöl in einer Pfanne anbraten, salzen und weiterbraten, bis sie Farbe angenommen haben und die Flüssigkeit ausgetreten und verdunstet ist.
3 Den Kreuzkümmel evtl. in einer Pfanne kurz trocken anrösten und im Mörser fein vermahlen. Man kann aber auch schon gemahlenen verwenden. Kreuzkümmel unter die Pilze rühren, kurz umrühren (max. 1 Minute) und die Pilze aus der Pfanne nehmen und beiseite stellen.
4 Die Herdplatte abschalten, den Spinat in die Pfanne geben und kurz umrühren, bis der Spinat zu welken beginnt. Zu den Pilzen geben.
5 Aus 3 EL Olivenöl und ca. 1 EL Balsamico-Essig eine Vinaigrette rühren. Mit Salz und Pfeffer abschmecken.
6 Karotten, Tomaten, Pilze, Spinat und Linsen verrühren und die Salatsauce unterrühren. Mit Essig, Salz und Pfeffer abschmecken.

DAZU PASST: *ein Stück Vollkornbrot*

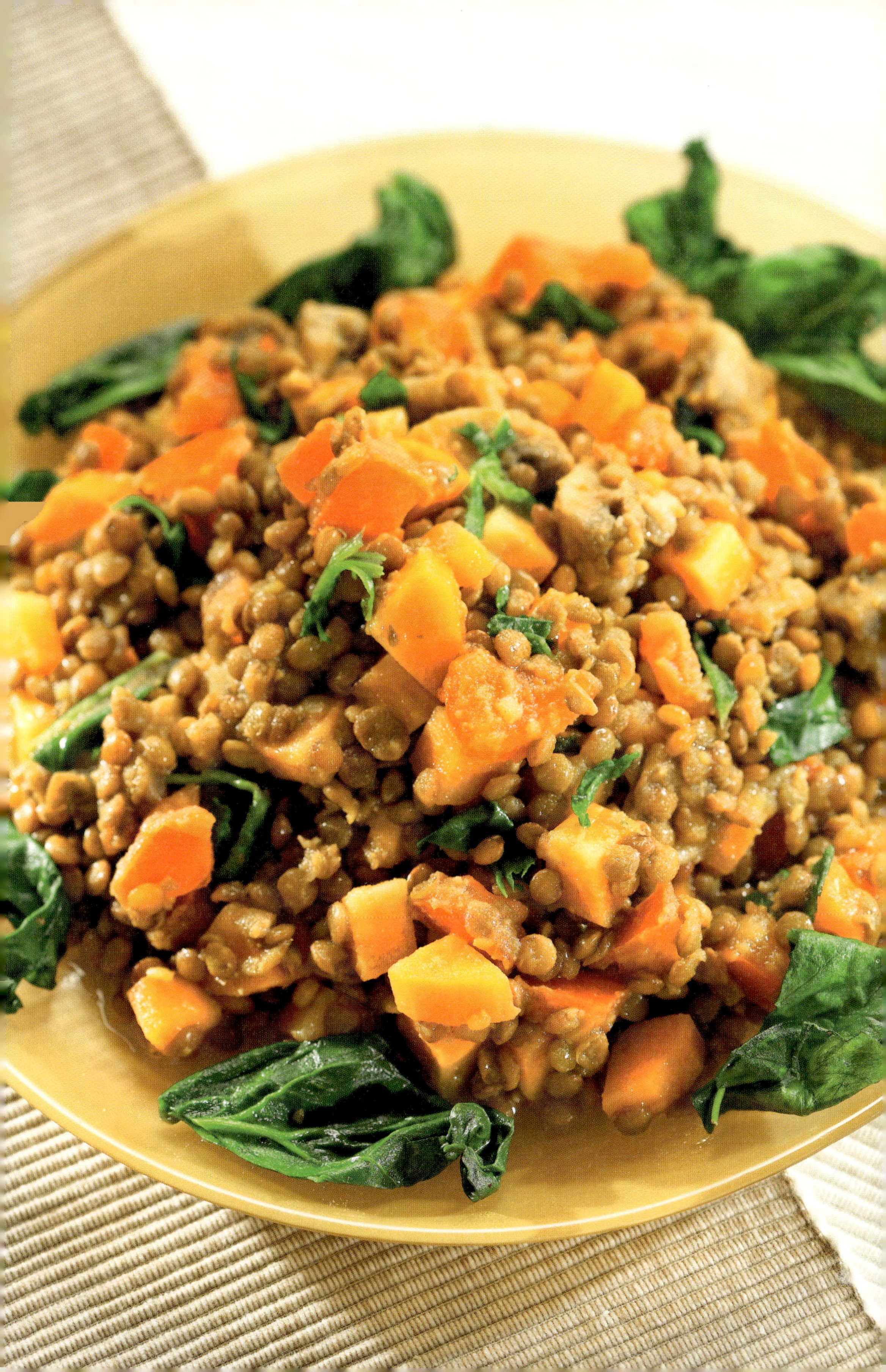

Salat mit gegrilltem Balsamico-Huhn

Für 2 Personen
Protein: 27 g, GL: 3

ZUTATEN

1 größere Hühnerbrust, ca. 200 g
1 Salatkopf (am besten romanischer Salat) gewaschen, trocken geschleudert und in Stücke gezupft
½ Tasse Kalamata-Oliven
2 EL getrocknete Tomaten
2 EL Balsamico-Essig und mehr fürs Dressing

WERKZEUG

Brett, Messer
Pfanne
Schüssel, Saucenbesen
Salatschleuder

1 Die Hühnerbrust evtl. längs in dünne Scheiben schneiden. Salzen und pfeffern, mit dem Balsamico-Essig und mit Olivenöl beträufeln.

2 Entweder auf dem Grill, in einer vorgeheizten Grillpfanne oder einfach unter dem Grill des Backofens 5 Minuten auf jeder Seite grillen, bis das Huhn gar ist.

3 Aus 3–4 EL Olivenöl und Balsamico-Essig ein Dressing rühren und den Salat unterheben. Die Oliven evtl. mit der flachen Seite eines großen Messers »quetschen«, die Kerne entfernen und die Oliven grob hacken. Auch die Tomaten grob hacken.

4 Oliven und Tomaten unter den Salat rühren und das Huhn auf dem Salat verteilen.

TIPP: Wer den Salat ins Büro mitnehmen möchte, kann am Abend vorher oder in der Früh alle Zutaten außer dem Dressing in einer Schüssel vermischen und das Dressing getrennt (z. B. in einem kleinen Schraubglas) transportieren – der Salat wird welk, wenn man ihn zu früh mariniert.

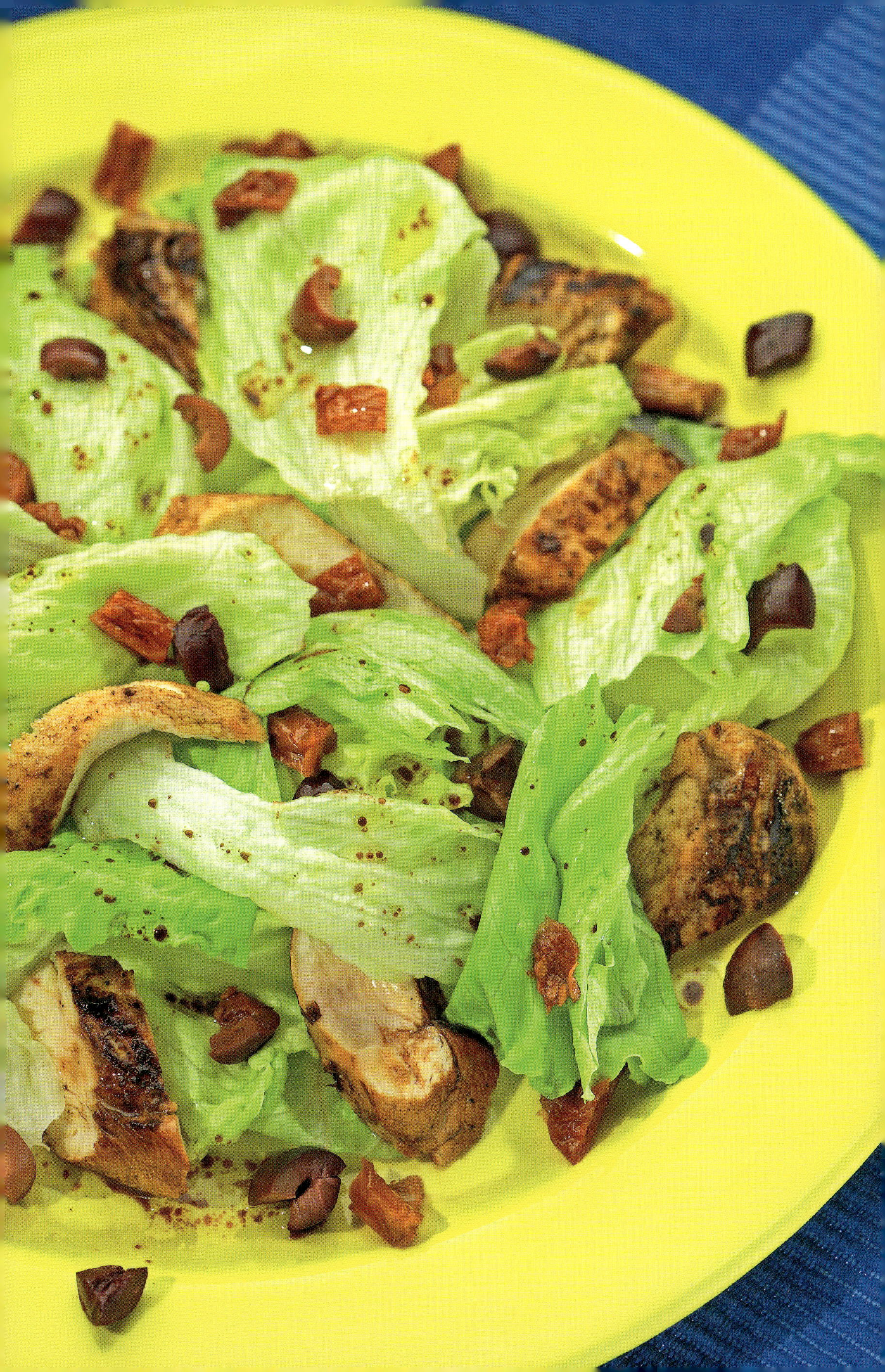

Fisolen-Feta-Eintopf

Für 2 Personen
Protein: 23 g, GL: 15

Feta ist leider ein überraschend fetter Käse: Er enthält doppelt so viel Fett wie Eiweiß – daher ist er keine ideale Eiweißquelle. Aber dieser Eintopf ist so lecker, dass das hin und wieder eben doch in Ordnung ist.

ZUTATEN

1 Dose ganze Tomaten
300 g Fisolen (grüne Bohnen), geputzt und in 3 cm lange Stücke geschnitten
2 Zwiebeln, grob gehackt
2 Knoblauchzehen, gehackt
ein paar Minzblätter
200 g Feta, in Würfel geschnitten
1 kleines Glas Gemüsebrühe (oder Brühwürfel)
1 EL Tomatenmark

WERKZEUG

Brett, Messer
Topf oder tiefere Pfanne mit Deckel
Kochlöffel

1 Die Zwiebeln und den Knoblauch in Olivenöl andünsten, dabei keine Farbe annehmen lassen. Tomatenmark und Minze unterrühren und kurz weiterdünsten lassen.

2 Die Bohnen, den Saft aus der Tomatendose und die Brühe dazugeben und ca. 15 Minuten zugedeckt köcheln lassen.

3 Die Tomaten zugeben, mit dem Kochlöffel grob zerteilen und ein paar Minuten mitköcheln lassen.

4 Die Fetawürfel unterrühren und kurz mitkochen lassen, bis sie anfangen zu schmelzen und die Sauce sämig wird. Mit Salz und Pfeffer abschmecken.

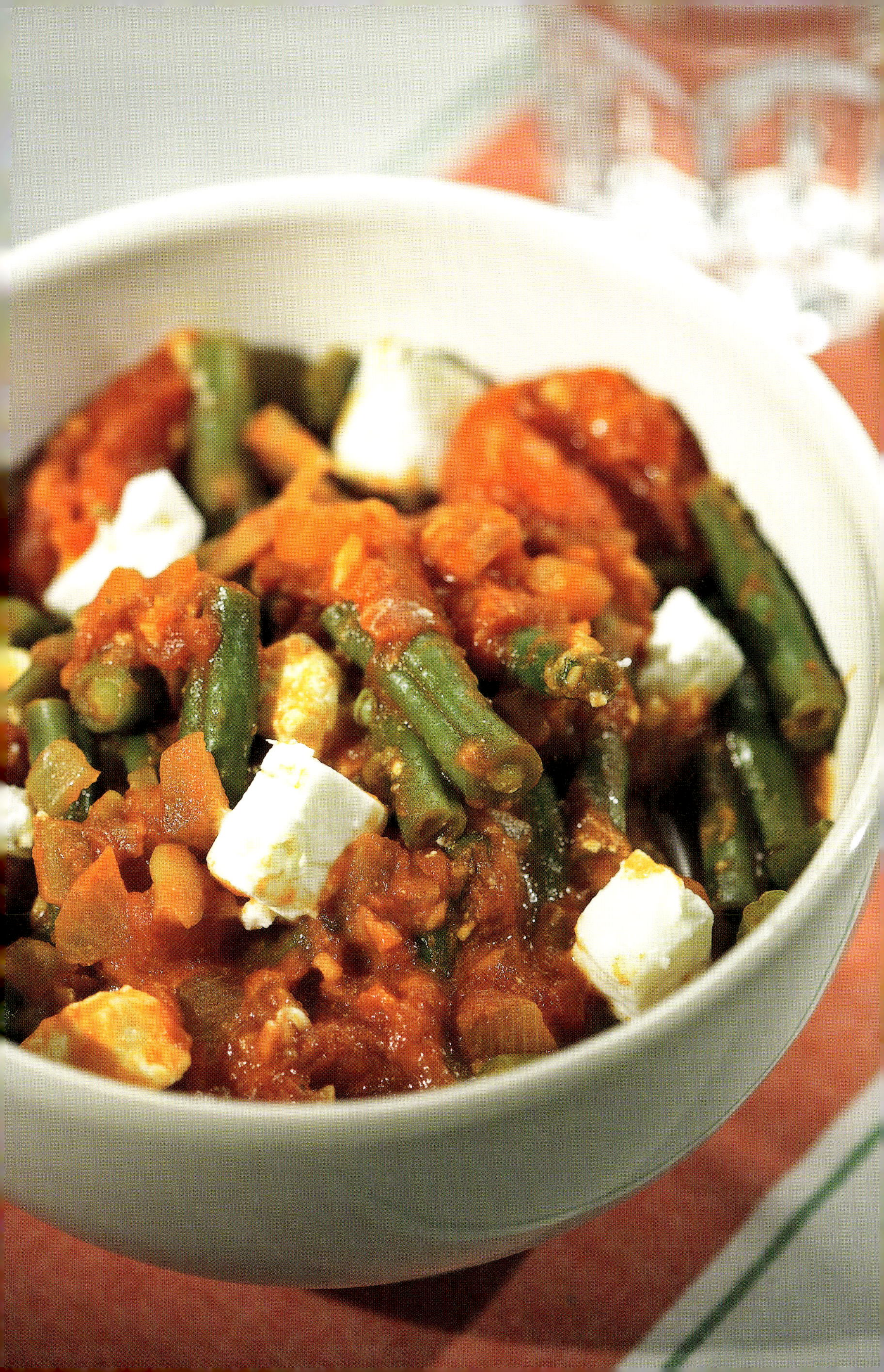

Orientalischer Fischeintopf mit Zitrone

Für 2 Personen
Protein: 43 g, GL: 9

ZUTATEN

ca. 350 g Fischfilet, z. B. Lachs, Seeteufel, Thunfisch oder auch Heilbutt
2 mittelgroße Zwiebeln, geschält, halbiert und in Scheiben geschnitten
1 Knoblauchzehe, geschält und in feine Scheiben geschnitten
½ Lauchstange, in 1 cm Scheiben geschnitten
2 Karotten, in Scheiben geschnitten
2–3 Tomaten
½ Dose Tomaten (gestückelt)
½ Zitrone oder 1 Limette (mit unbehandelter Schale!)
1 Prise Zimt
1 TL Paprikapulver (edelsüß)
1 TL Kurkumapulver
evtl. **½ TL Kreuzkümmel und Koriander**
Petersilie (frisch) oder **Koriander** (frisch) zum Bestreuen

WERKZEUG

Brett, Messer
Topf
Schüssel
Kochlöffel

1 Zwiebeln und Knoblauch in einem großen Topf bei mittlerer Hitze in ein wenig Olivenöl andünsten. Nach ein paar Minuten die Karotten und den Lauch hinzufügen und weiterrühren. Die Gewürze hinzufügen und weiterdünsten. Oft umrühren.

2 Inzwischen die Tomaten schälen: Die Tomaten einritzen und mit kochendem Wasser übergießen. Nach ½–1 Minute abschrecken und die Haut abziehen. Halbieren und die Kerne herausdrücken. Wer zu faul zum Schälen ist, muss eben später ein paar Schalenstücke im Eintopf in Kauf nehmen – dann kann man diesen Schritt weglassen.

3 Die Zitrone oder Limette gut waschen und in Scheiben schneiden. Die Kerne entfernen.

4 Die Tomaten in Stücke schneiden und zusammen mit den Zitronenscheiben und den Tomaten aus der Dose in den Topf geben. Hin und wieder umrühren und ca. 10 Minuten dünsten lassen. Evtl. einen Schuss Wasser hinzufügen, damit mehr Sauce entsteht. Mit Salz und Pfeffer abschmecken.

5 Die Fischfilets in Stücke schneiden. Fischstücke vorsichtig in den Eintopf rühren und 10 Minuten bei ganz kleiner Flamme ziehen lassen. Der Eintopf soll dabei kaum kochen. Nicht zu viel umrühren, sonst zerfallen die Fischstücke.

6 Mit Salz und Pfeffer abschmecken und mit Petersilie oder Koriander bestreut servieren.

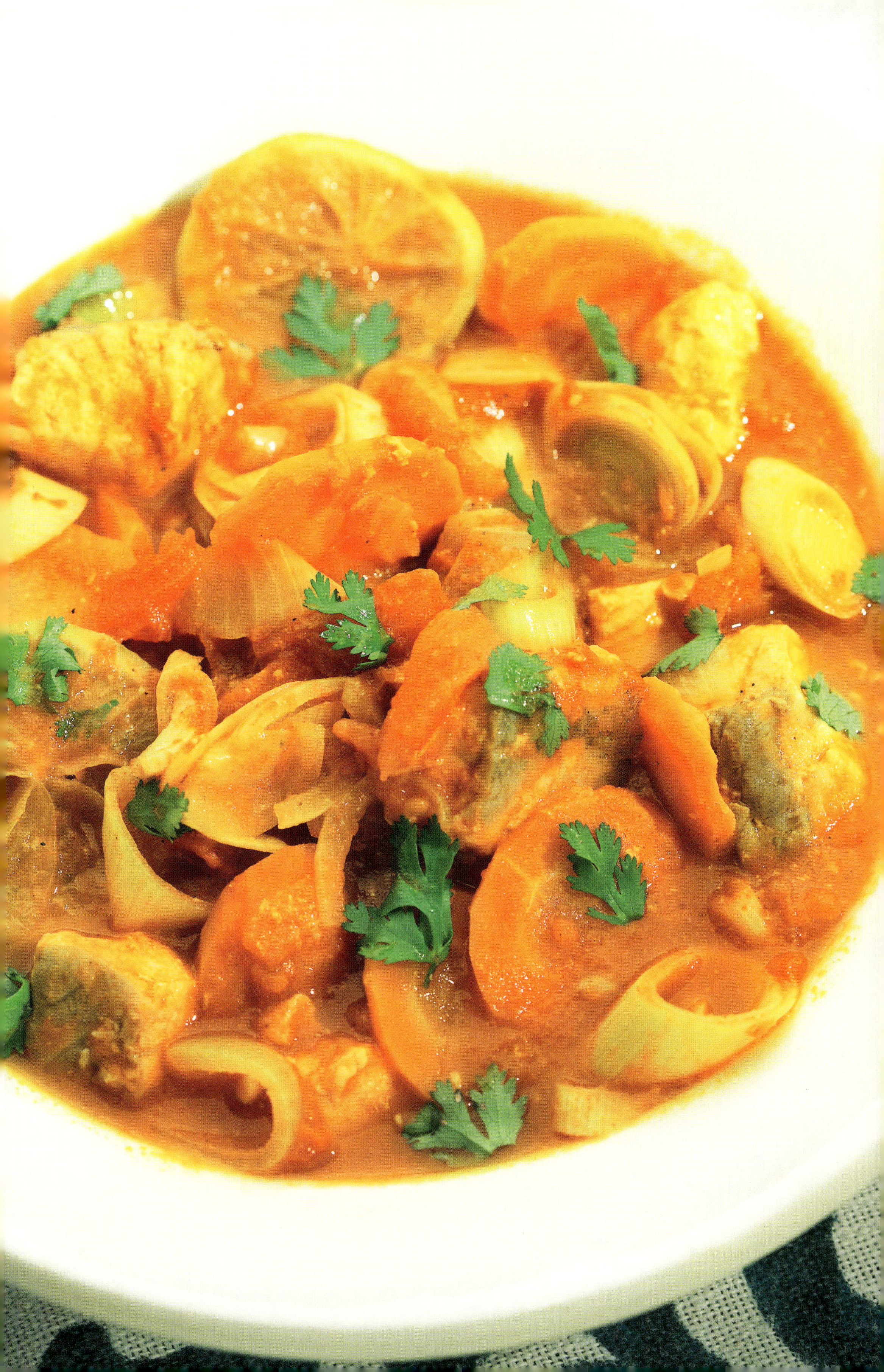

Steak mit Mangold-Pilz-Gemüse

Für 2 Personen
Protein: 32 g, GL: 4

ZUTATEN

2 mittlere Steaks (jedes ca. handtellergroß)
1 Zwiebel, grob gehackt oder halbiert und in Streifen geschnitten
4–5 Stängel Mangold (sollte geschnitten ca. 3 Handvoll ergeben)
1–2 Handvoll Pilze, in Streifen geschnitten (z. B. Champignons, frische Shiitake- oder Portobello-Pilze)
ein wenig Tamari oder Sojasauce
Saft von ½ Zitrone

WERKZEUG

Brett, Messer
2 Pfannen, eine mit Deckel
Kochlöffel
Pfannenwender
Teller

1 Den Mangold waschen und quer in Streifen schneiden (Stiele und Blätter).

2 Die Zwiebel in ein wenig Olivenöl (»einmal um die Pfanne«) andünsten. Die Pilze dazugeben und 1–2 Minuten weiterdünsten. Salzen und pfeffern.

3 Die Mangold-Stiele (die weißen Stücke) dazugeben und zugedeckt ca. 5 Minuten dünsten. Dann die Blattteile dazugeben und zugedeckt weiter 5–10 Minuten dünsten, bis der Mangold knackig, aber gar ist. Evtl. einen Schuss Wasser in die Pfanne geben, falls die Gemüse drohen anzubrennen.

4 Inzwischen eine zweite Pfanne erhitzen, ein wenig Olivenöl hineingeben (»einmal um die Pfanne«) und die Steaks ganz kurz auf beiden Seiten anbraten. Je nachdem, wie »durch« man das Fleisch mag, dauert das pro Seite und Dicke des Fleisches 1–2 Minuten oder bis zu 5–6 Minuten. Das Fleisch nachträglich salzen und pfeffern, aus der Pfanne nehmen und warm stellen (das Fleisch sollte jetzt einige Minuten rasten können – am besten, man stellt den Teller bei nicht mehr als 50 °C in den Ofen).

5 Das Gemüse mit Salz, Pfeffer, Tamari und Zitronensaft abschmecken und mit den Steaks servieren.

DAZU PASST: *pro Person eine Faustgroß Salzkartoffeln, Reis o. ä.*

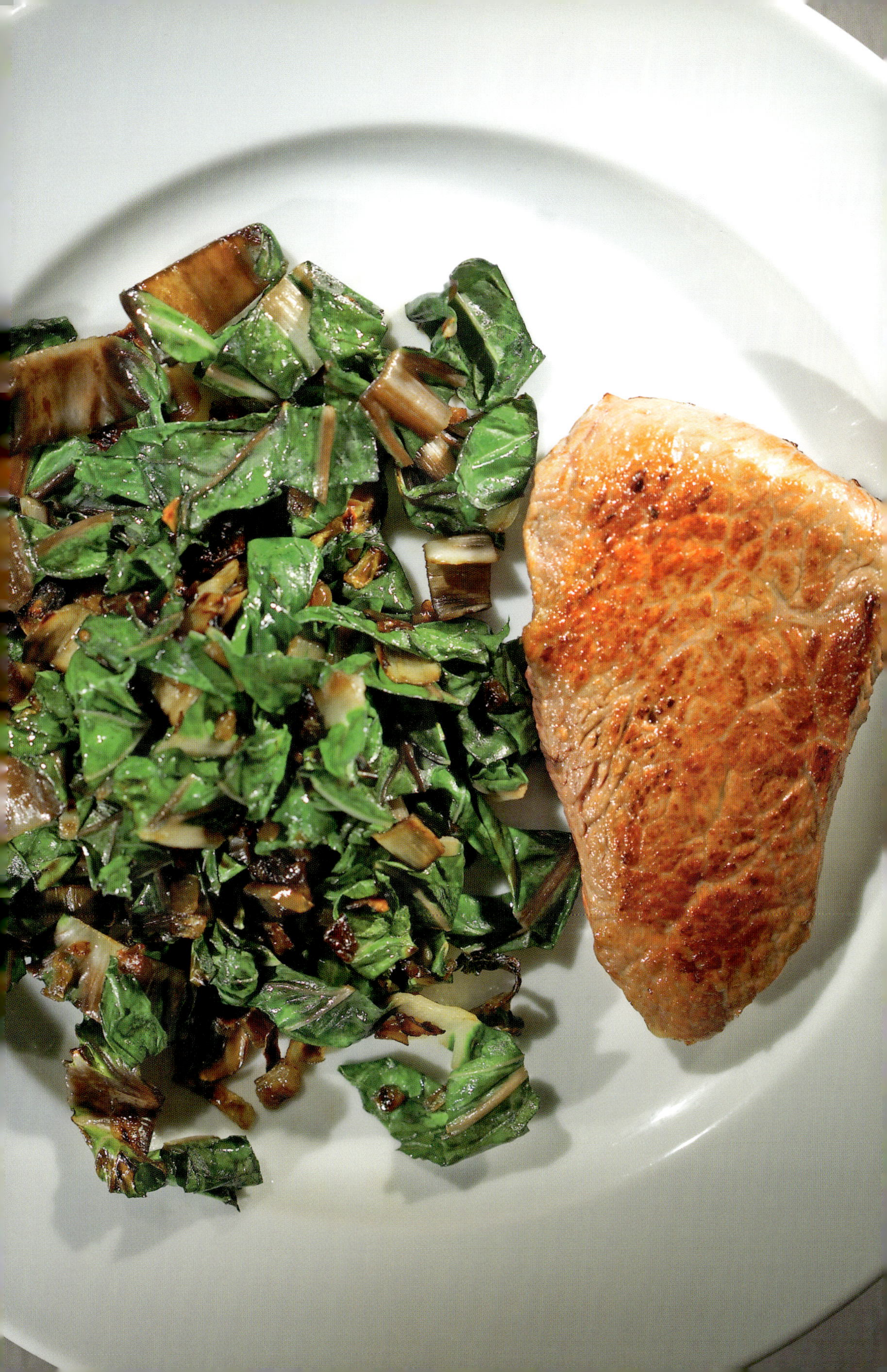

Thunfischauflauf

Für 4 Personen
Protein: 33 g, GL: 8

ZUTATEN

2 Dosen Thunfisch (in Wasser oder kaltgepresstem Olivenöl), abgetropft
3 Stangen Sellerie, quer in feine Streifen geschnitten
3 Frühlingszwiebeln, quer in feine Scheiben geschnitten (inkl. Grünzeug!)
1 roter Paprika, in kleine Würfel geschnitten
1 mittelgroßer Karfiol
2 EL Mayonnaise
½ Becher Sauerrahm
2 TL Oregano
1 TL Dijon-Senf
1 kleine Zucchini, längs in ganz dünne Scheiben geschnitten
1 Tasse (ca. 100 g) geraspelter Schnittkäse, z.B. Emmentaler oder Gouda

WERKZEUG

Brett, Messer
Topf mit Deckel (evtl. Dämpfeinsatz)
große Schüssel
ofenfeste Form

1 Vom Karfiol die Spitzen abschneiden und die zarten Teile des Stiels sehr klein hacken. In einem Topf mit ein wenig Wasser zugedeckt ein paar Minuten dünsten lassen, bis der Karfiol gar ist, aber noch Biss hat (man kann ihn auch dämpfen).

2 In einer großen Schüssel Sauerrahm, Mayonnaise, Senf und Oregano verrühren und mit Salz und Pfeffer würzen. Thunfisch, Paprika, Sellerie, Frühlingszwiebeln und Karfiol unterrühren.

3 Die Hälfte der Mischung in eine ofenfeste Form streichen, dann die Hälfte der Zucchini darauf verteilen. Die andere Hälfte der Thunfisch-Mischung daraufgeben und mit dem Rest der Zucchini belegen. Mit Käse bestreuen.

4 Bei 180 °C im Ofen ca. 30–40 Minuten backen. Vor dem Servieren 10 Minuten rasten lassen.

DAZU PASST: ein grüner Salat

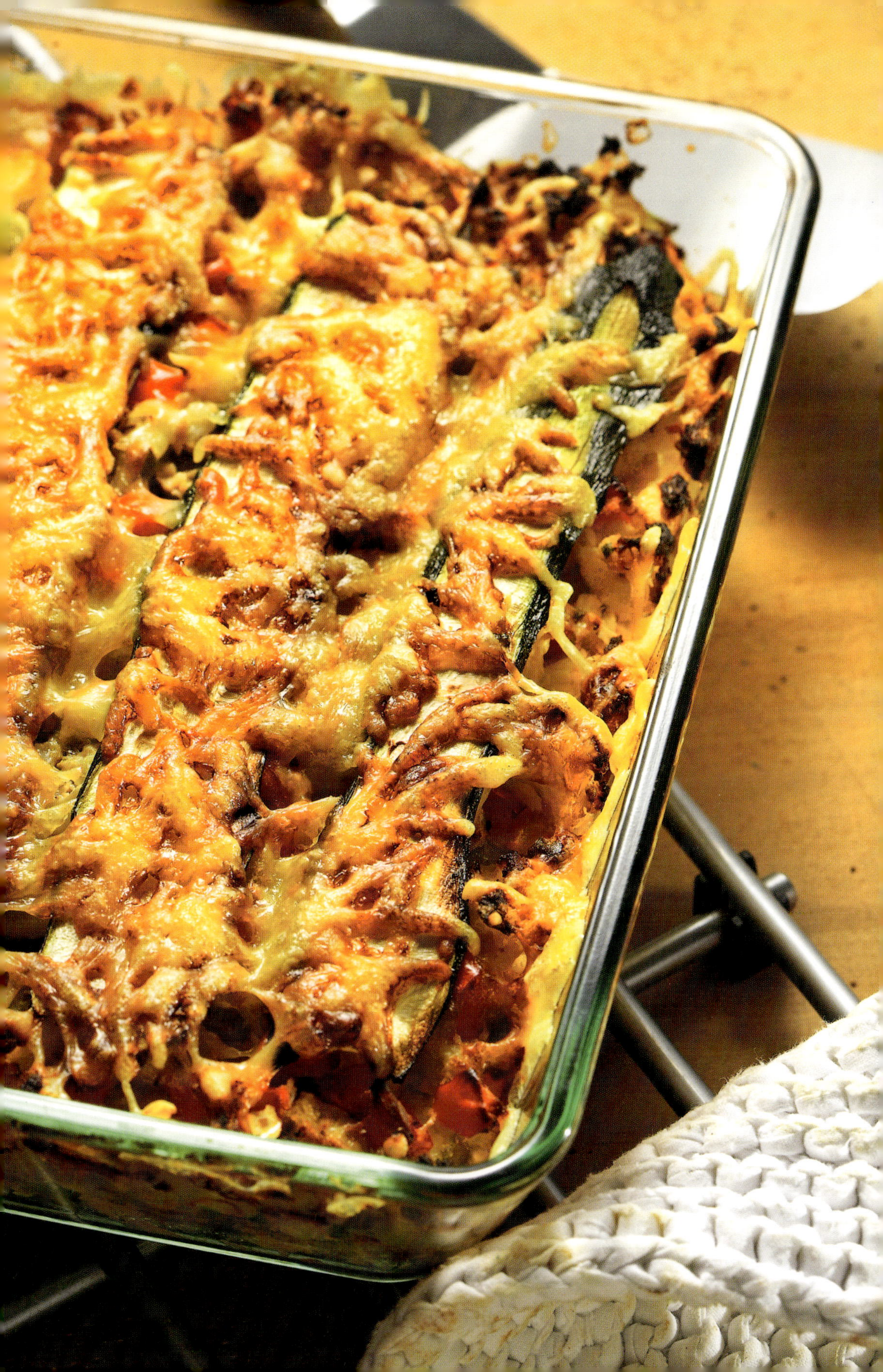

Chili-Knoblauch-Rindfleisch-Wok mit Fisolen

Für 2 Personen
Protein: 34 g, GL: 7

ZUTATEN

1 Zwiebel, halbiert und längs in Streifen geschnitten
½–1 Chilischote, je nach Geschmack und Schärfe
1 daumengroßes Stück Ingwer
1 Zehe Knoblauch
3 Handvoll Fisolen, geputzt und in 5 cm große Stücke geschnitten, bei dicken Bohnen evtl. längs/diagonal halbieren
200 g mageres Rindfleisch (z. B. Beiried oder Filet – geeignet zum Kurzbraten), in Streifen geschnitten
1 EL Austernsauce

WERKZEUG

Topf (evtl. mit Dämpfeinsatz und Deckel)
Brett, Messer
Wok oder tiefe Pfanne
Kochlöffel

1 Die Fisolen in einem Dämpfsieb oder in einem Topf mit ein wenig Wasser (ca. 2 cm hoch) mit einem Deckel verschlossen 5–7 Minuten dämpfen oder dünsten (bis sie noch recht knackig, aber fast gar sind).

2 Inzwischen Chili entkernen und alle weißen Fasern wegschneiden, Rest ganz fein hacken. Knoblauch und Ingwer schälen und fein hacken.

3 In einer Pfanne Zwiebel, Fisolen, Knoblauch, Ingwer und Chili in ein wenig Olivenöl (»einmal um die Pfanne«) anbraten. Einige Minuten unter Rühren braten, bis die Bohnen knackig, aber gar sind. Gemüse aus der Pfanne nehmen und beiseite stellen.

4 In der gleichen Pfanne das Rindfleisch mit ein wenig Olivenöl ganz kurz anbraten. Das Gemüse und die Austernsauce dazugeben, durchrühren und mit Salz und Pfeffer abschmecken.

DAZU PASST: *eine Faustgröße Reis oder Couscous*

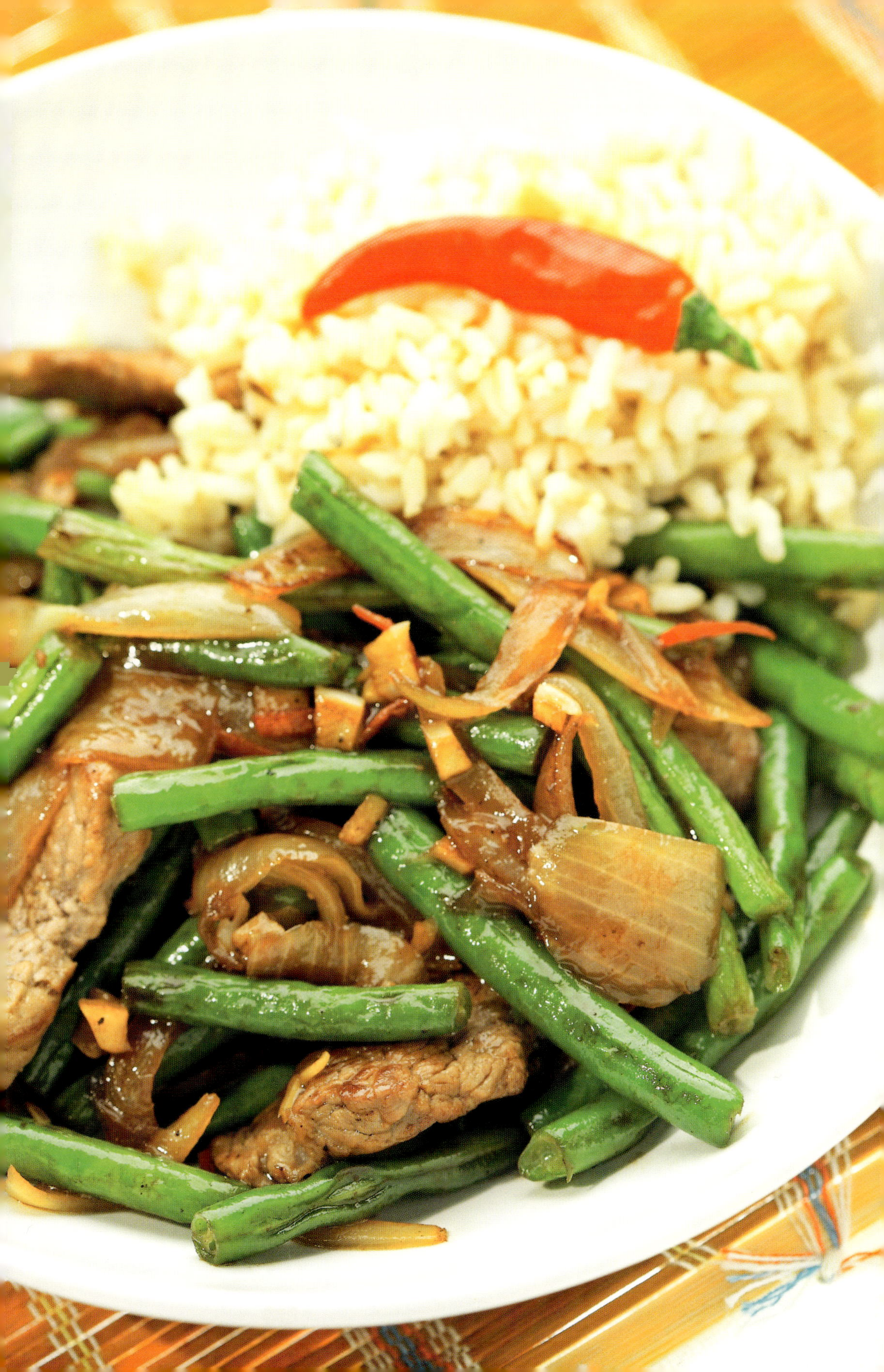

Vegetarisches Gemüse-Gulasch

Für 2 Personen
Protein: 39 g, GL: 6

Dazu schmeckt ein grüner Salat. Auch Quinoa passt dazu, sonst Vollkornbrot oder wenigstens eine Vollkornsemmel. Wer mag, kann auch, statt Brot dazu zu essen, klein geschnittene, geschälte Kartoffeln mitgaren lassen (pro Person 1 mittelgroße Kartoffel). Gemüse kann man auch mehr nehmen, wenn man's gemüsereicher haben will: Kohlrabi, Zucchini, Knoblauch, Frühlingszwiebeln etc.

ZUTATEN

100 g Sojaschnetzel
2 große Zwiebeln, in grobe Stücke geschnitten
2 mittlere Karotten, längs halbiert und dann quer in Stücke geschnitten
1 Stück Sellerieknolle, geschält und in Würfel geschnitten
1 kleine Zucchini, längs halbiert und dann quer in Stücke geschnitten
1–2 EL Paprikapulver, edelsüß
1 TL Majoran
1 Lorbeerblatt
1 guten Schuss Tomatenmark

WERKZEUG

Brett, Messer
Schüssel
großer Topf
Kochlöffel

1 Die Sojaschnetzel mit kochendem Wasser übergießen und quellen lassen (je nach Angabe auf der Packung 10–30 Minuten).
2 Gemüse in ein wenig gutem Olivenöl (»einmal um den Topf«) kurz anbraten.
3 Sojaschnetzel ausdrücken, zum Gemüse geben und kurz mit anbraten (Schnetzel sollen Farbe annehmen, damit sie Geschmack bekommen).
4 Reichlich süßes Paprikapulver, Salz, Pfeffer, Majoran, 1 Lorbeerblatt und 1 guten Schuss Tomatenmark dazugeben.
5 Mit heißem Wasser aufgießen, bis das Gemüse gerade bedeckt ist, und bei leichter Hitze köcheln lassen, bis die Schnetzel Geschmack angenommen haben und das Gemüse gar ist. Wer mag, kann die Sauce passieren, aber dann erst nachher die Schnetzel dazugeben. Mit Salz, Pfeffer, Paprika abschmecken.
6 Wenn die Sauce zu dünn ist, mit etwas Speisestärke (Kartoffelmehl), in lauwarmes Wasser gerührt, binden. Man kann die Sauce aber auch einfach ein wenig einkochen lassen. Das Lorbeerblatt entfernen.

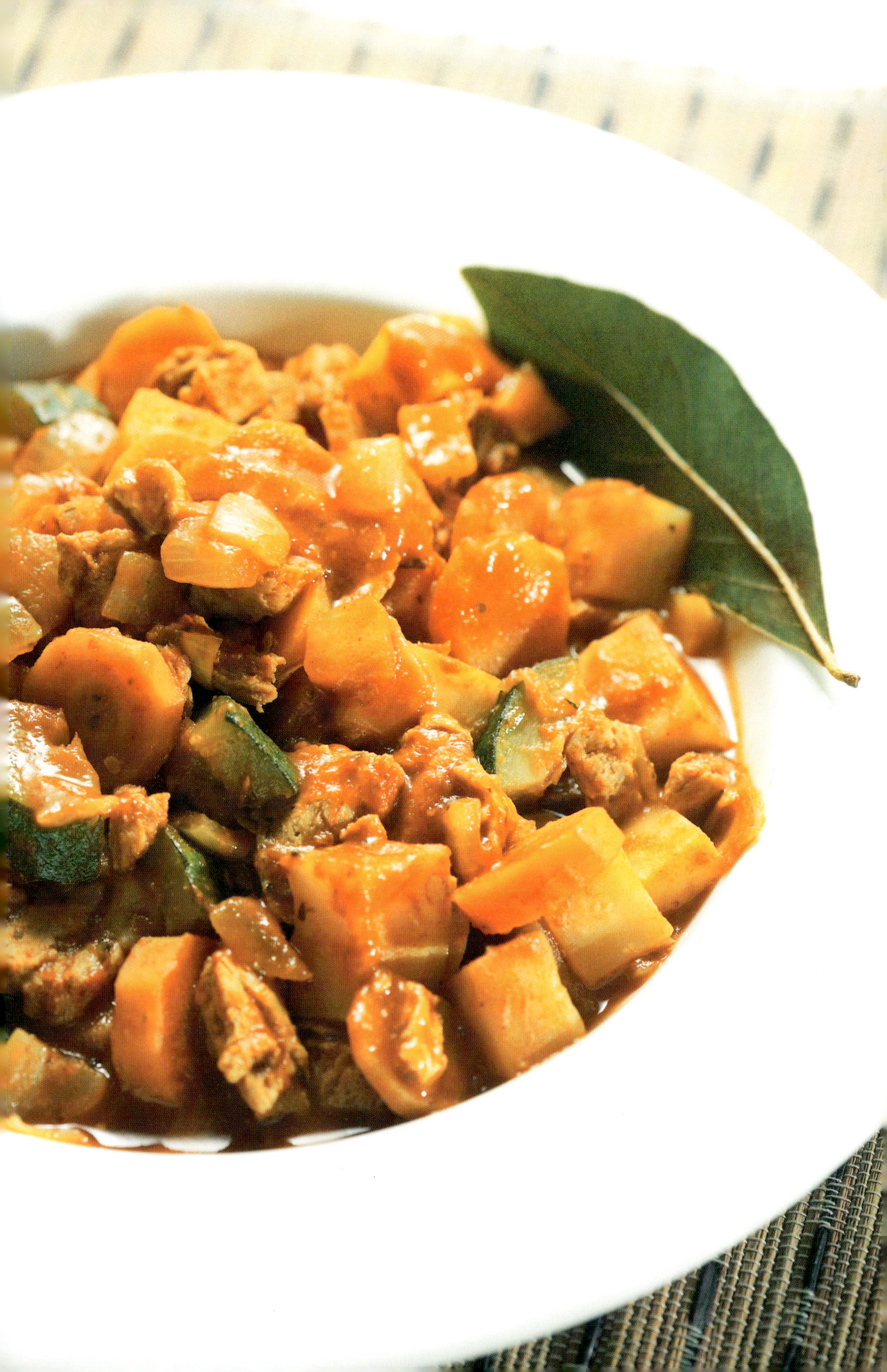

Woknudeln für ein langes Leben

Für 2 Personen
Protein: 17 g, GL: 15

Tofu, Ingwer, Brokkoli, Knoblauch, grünem Tee und vor allem den Shiitake-Pilzen werden Eigenschaften zugesprochen, die ein langes Leben versprechen. Außerdem schmeckt die Kombination einfach gut!

ZUTATEN

60 g Buchweizennudeln (Sobanudeln)
1 Stück festen Tofu (ca. 120 g, evtl. mariniert, z. B. asiatisch oder »gebacken« – gibt's fertig zu kaufen)
1 TL grüner Tee (nach Geschmack)
2 TL Ingwer, geschält und ganz fein gehackt
2 Knoblauchzehen, geschält und ganz fein gehackt
1 roter Paprika, in ganz schmale Streifen geschnitten
1 kleiner Brokkoli, Röschen abgeschnitten und in kleine Stücke zerteilt, Stiel geschält und diagonal in dünne Streifen geschnitten
½ Bund Frühlingszwiebeln, diagonal in 5 cm große Stücke geschnitten
4–5 Shiitake-Pilze, getrocknet oder frisch
1 EL Sojasauce
1 TL geröstetes Sesamöl
1 EL Reisessig

WERKZEUG

Topf
Nudelsieb
Brett, Messer
evtl. kleine Schüssel und Teekessel
Wok oder tiefe Pfanne

1 Die Buchweizennudeln nach den Angaben auf der Packung »al dente« kochen. Achtung: Buchweizennudeln tendieren dazu, »schleimig« zu werden, die muss man nach dem Kochen noch mal abspülen.
2 Den Tofu in schmale Streifen schneiden. Wenn die Shiitake-Pilze getrocknet sind: Mit kochendem Wasser übergießen und ca. 10 Minuten quellen lassen. In feine Streifen schneiden – die harten Stielteile evtl. entfernen.
3 Wok oder tiefere Pfanne heiß werden lassen. Ein wenig Öl (ich nehme Olivenöl, auch wenn's ein asiatisches Gericht ist; man kann aber auch Kokosfett verwenden) in die Pfanne geben und Tee, Ingwer und Knoblauch dazugeben. Unter Rühren ca. 30 Sekunden braten, bis sie duften.
4 Den Tofu hinzugeben und 2 Minuten weiterbraten. Brokkoli, Pilze und Paprika dazugeben und 2 Minuten weiterbraten, bis der Paprika anfängt weich zu werden und der Brokkoli leuchtend grün ist.
5 Nudeln, Frühlingszwiebeln, Sojasauce und Reisessig unterrühren und noch weitere 2 Minuten braten, bis alles schön heiß ist. Sesamöl darüberträufeln und mit Salz und Pfeffer abschmecken.

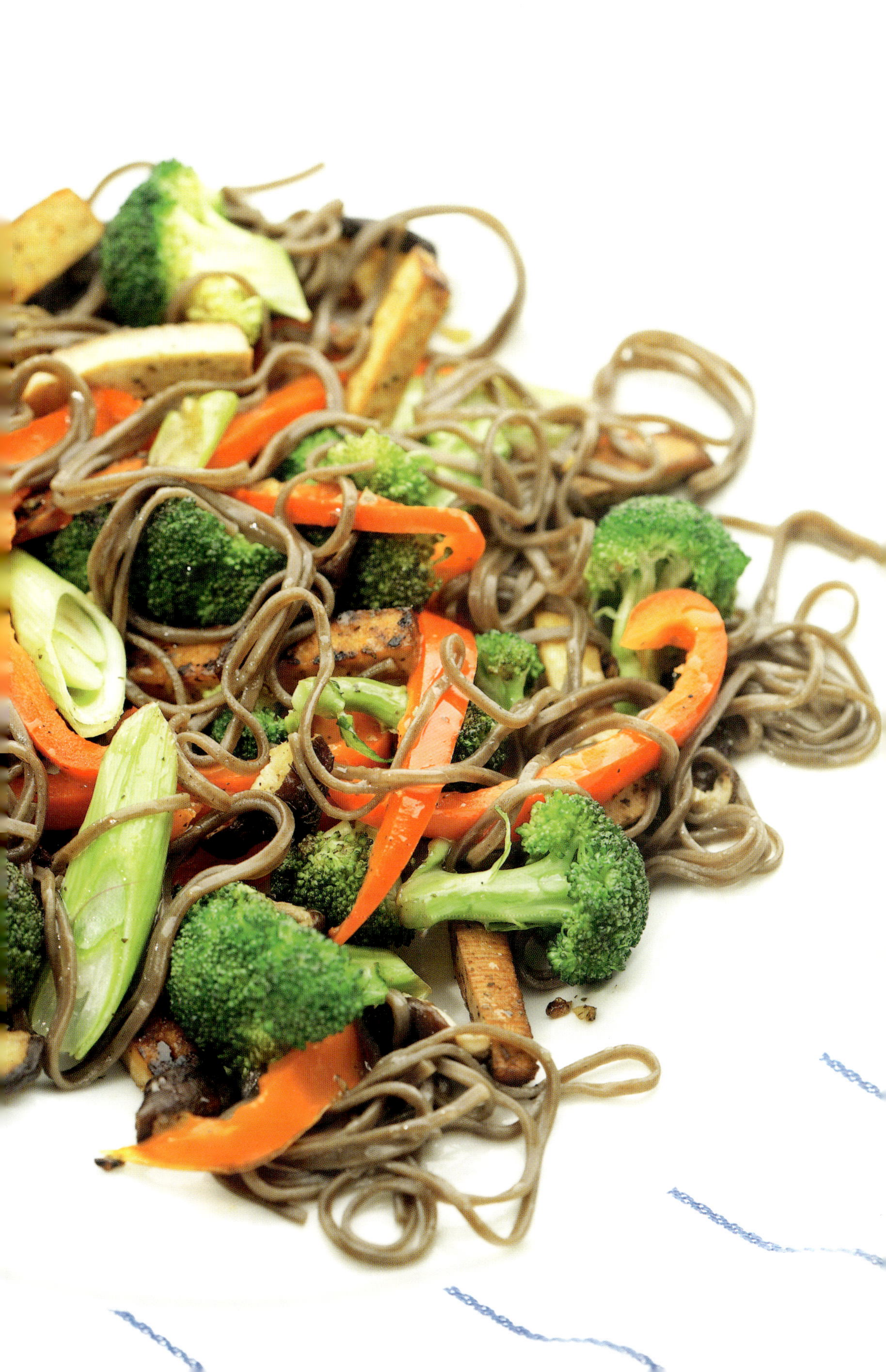

Asiatische Lachswürfel – ganz schnell

Für 2 Personen
Protein: 27 g, GL: 0,5

Bei diesem Rezept fehlen das Gemüse und die stärkehaltigen Kohlenhydrate. Sehr gut passt dazu entweder gedämpftes Gemüse oder Brokkoli aus der Pfanne (kann man anschließend in der gleichen Pfanne machen, den Fisch inzwischen warm stellen) und eine Faustgröße Kartoffeln oder Reis.

ZUTATEN

250 g Lachsfilet, ohne Haut und Gräten, in grobe Würfel geschnitten
1 TL geröstetes Sesamöl
1 Knoblauchzehe, fein gehackt
1 EL Tamari (oder Sojasauce)
2 EL Sake

WERKZEUG

Brett, Messer
Pfanne
Kochlöffel

1 Den Knoblauch in ein wenig Olivenöl dünsten, bis er glasig wird, ca. 2 Minuten.
2 Den Lachs und das Sesamöl hinzugeben, umrühren, dann die anderen Zutaten und 3 EL Wasser dazugeben. Weiterrühren bis der Lachs gar ist und die Flüssigkeit auf die Hälfte eingekocht ist, ca. 4–5 Minuten.

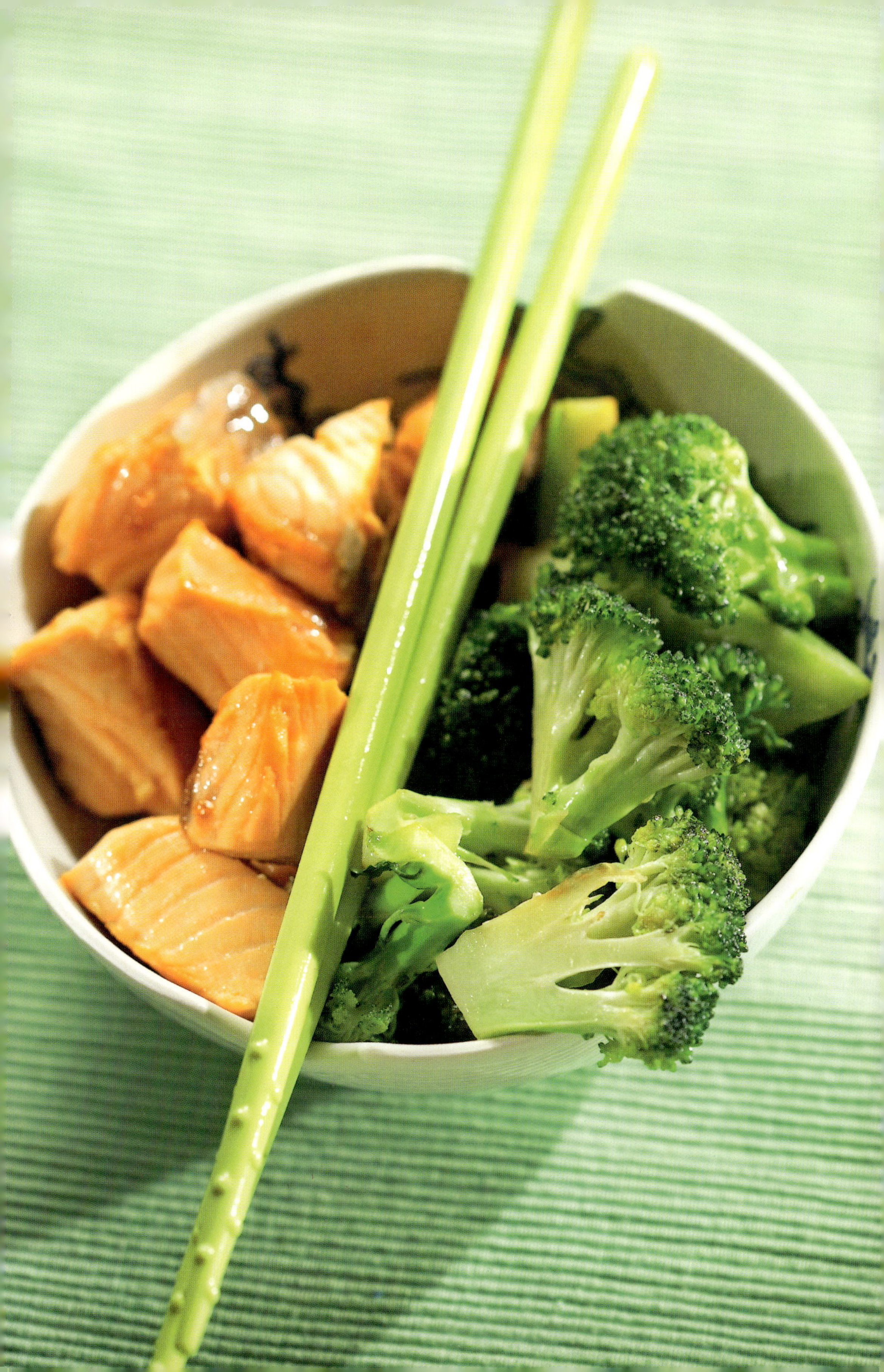

Geschmortes Huhn Cacciatore

Für 2 Personen
Protein: 31 g, GL: 8

Dieses Rezept enthält genug Eiweiß und Gemüse, aber keine stärkehaltigen Kohlenhydrate. Man kann einfach pro Person eine faustgroße Menge Kartoffeln mitschmoren lassen (nach den Tomaten hinzufügen) oder z. B. Reis, Brot, Couscous oder Polenta dazu servieren.

ZUTATEN

2 Hühnerbeine, am Gelenk auseinandergeschnitten (also 4 Teile: 2 Unterschenkel und 2 Oberschenkel)
1 Dose ganze, geschälte Tomaten
1 roter Paprika
2–3 Zwiebeln
1 Zweig frischer oder 1 EL getrockneter Thymian
evtl. 1 kleines Glas Weißwein
ca. 10 schwarze Oliven
2 EL Kapern (Blüten, nicht Beeren)

WERKZEUG

Brett, Messer
Pfanne mit Deckel
Teller
Kochlöffel

1 Die Hühnerstücke in einer tieferen Pfanne mit ein wenig Olivenöl von beiden Seiten scharf anbraten, bis sie schön braun sind.

2 Paprika und Zwiebeln in bissgroße Stücke schneiden. Die Hühnerteile aus der Pfanne nehmen und beiseitestellen. Das Gemüse in der Pfanne anbraten und die Hitze reduzieren. Hühnerstücke wieder dazugeben, evtl. mit einem Schuss Weißwein ablöschen und kurz durchrühren. Die Tomaten dazugießen, Oliven, Kapern und Thymian unterrühren. Salzen und pfeffern.

3 Die Pfanne entweder zugedeckt bei ca. 120 °C in den Ofen stellen (darauf achten, ob Pfannengriffe hitzebeständig sind!) oder bei kleiner Flamme zugedeckt am Herd ca. 30 Minuten schmoren lassen.

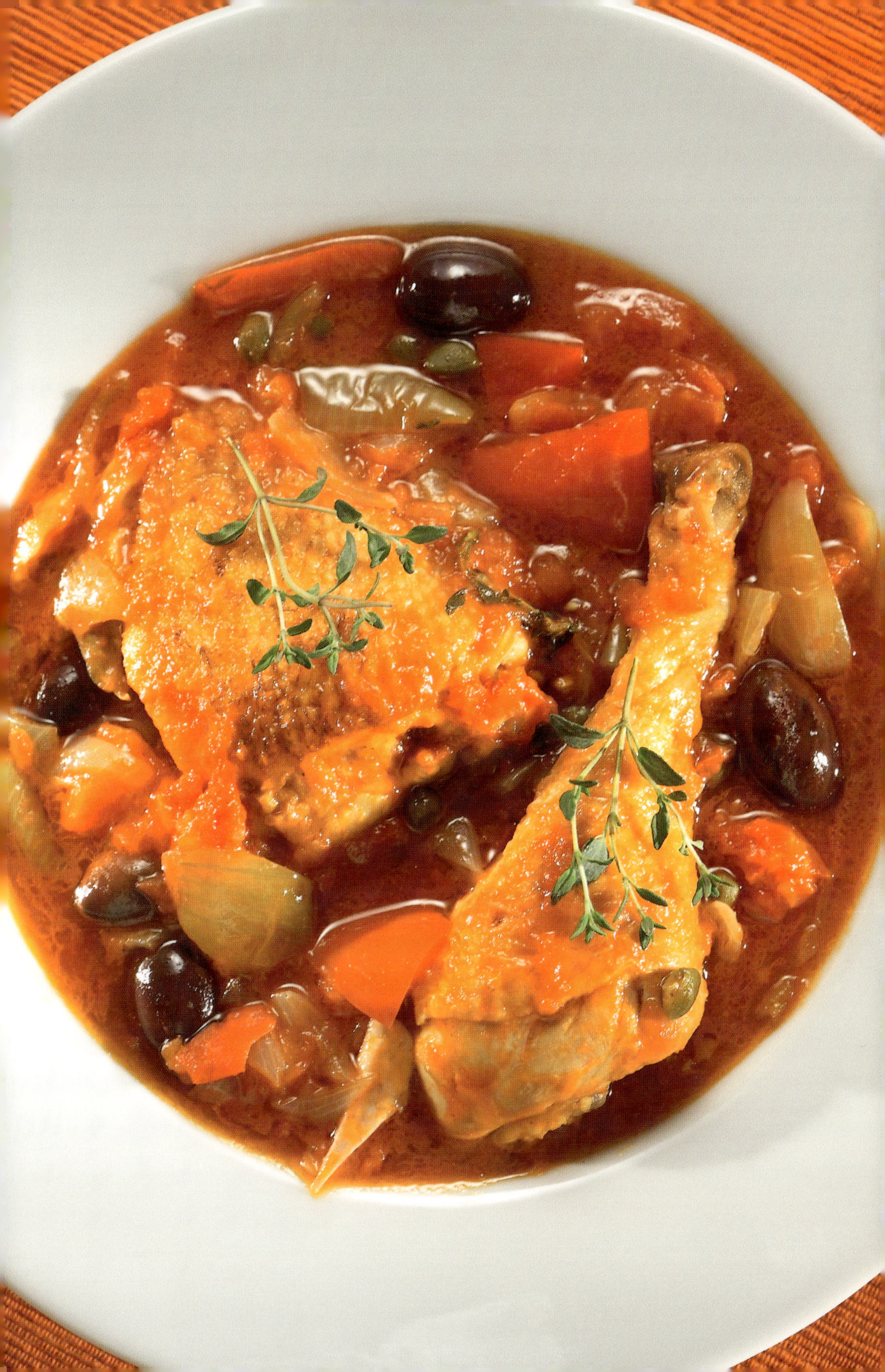

Kaninchen-Eintopf

Für 2 Personen
Protein: 40 g, GL: 15

Dieses Rezept ist ein bisschen aufwändiger, aber die Mühe lohnt sich! Besonders lecker schmeckt es mit Kaninchen, man kann es aber auch mit Huhn machen. Achtung: Das Fleisch muss mehrere Stunden marinieren, also am besten am Abend vorher oder in der Früh vorbereiten.

ZUTATEN

1 Zwiebel, grob gehackt
2 Kaninchenkeulen, halbiert
2 Stangen Sellerie, in ca. 1 cm dicke Streifen geschnitten
2 Karotten, in Scheiben geschnitten
½ Stange Lauch, in Scheiben geschnitten
1 EL Kapern, grob gehackt
1 EL Kalamata-Oliven
2 EL Basamico-Essig
1 TL Honig
2 faustgroß Kartoffeln, geschält und in ca. 3 cm große Würfel geschnitten

WERKZEUG

Brett, Messer
Topf, Form oder Schüssel
Teller, Schmortopf oder schwerer Topf mit Deckel
Kochlöffel

MARINADE

1 Zwiebel, geschält und in Scheiben geschnitten
2 Knoblauchzehen, gehackt
2 Lorbeerblätter
1 Zweig Thymian
1–2 Zweige Petersilie
1 großes Glas Weißwein
1 TL Pfefferkörner

1 Für die Marinade: Alle Zutaten kurz aufkochen. Kaninchenteile waschen, trocken tupfen und in eine Form geben, in der sie nebeneinander Platz haben, und mit der Marinade übergießen. Idealerweise mindestens 8 Stunden ziehen lassen.

2 Kaninchenstücke aus der Marinade nehmen, evtl. kurz in Mehl wenden und in einem Schmortopf oder einem schweren Topf mit Deckel in Olivenöl (»einmal um den Topf«) kurz von beiden Seiten anbraten. Dabei schön braun werden lassen. Herausnehmen und zur Seite stellen.

3 Die Zwiebel und den Lauch im gleichen Topf andünsten und Sellerie, Kartoffeln und Karotten dazugeben. Kapern und Oliven (evtl. entkernt) dazugeben. Die Marinade abseihen und auch dazugießen.

4 Zugedeckt auf kleiner Hitze ca. 20 Minuten köcheln lassen.

5 2 EL Balsamico-Essig und Honig unterrühren und noch einmal 15–20 Minuten zugedeckt weiterköcheln lassen. Mit Salz und Pfeffer abschmecken.

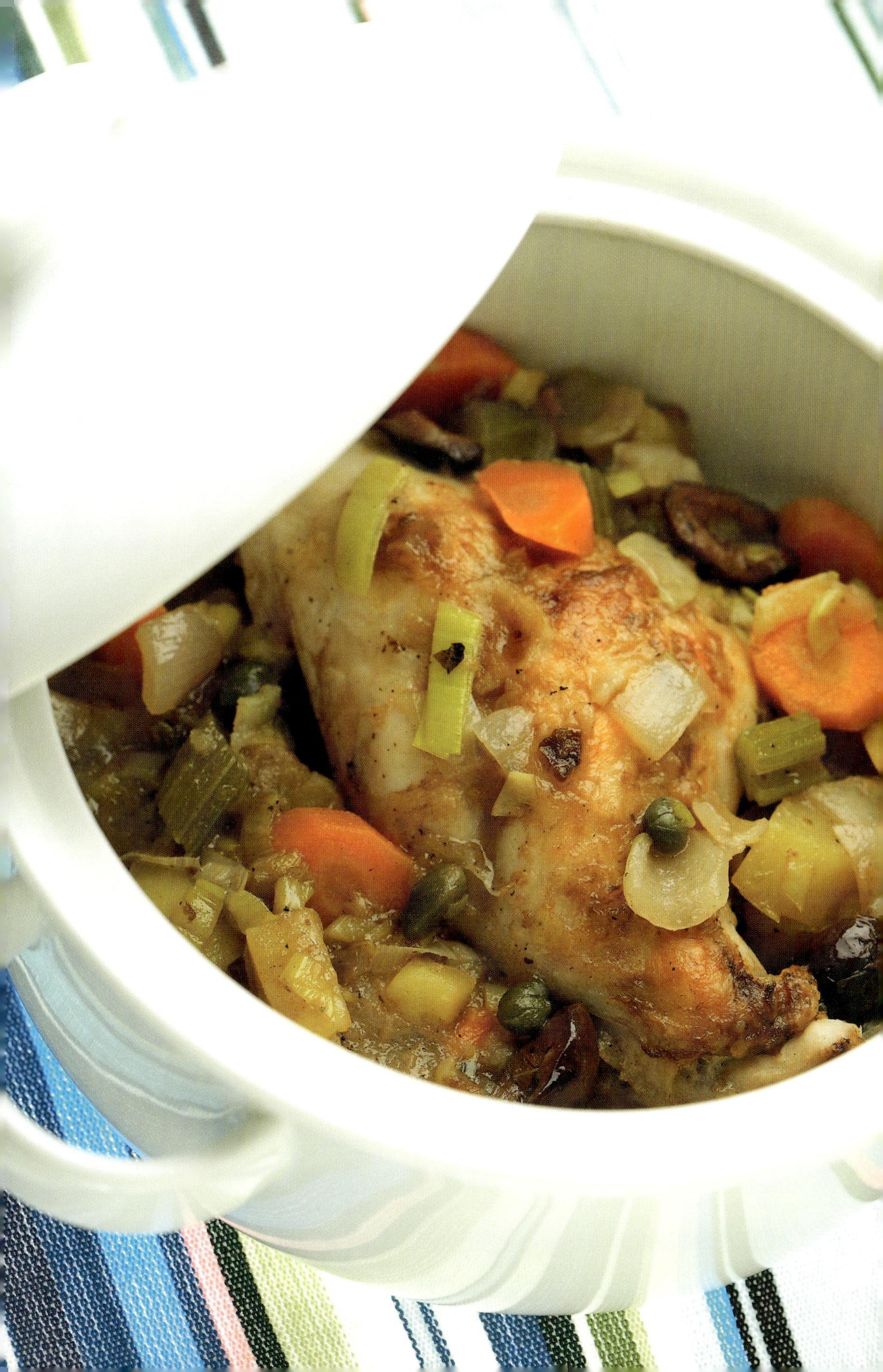

Was mache ich mit Brokkoli?

Brokkoli ist ein Wundergemüse – es gibt kaum etwas, wofür er nicht gut ist. Ob die Leber unterstützt, die Verdauung angeregt, die Haut schöner werden oder Krebs vorgebeugt werden soll – Brokkoli kann bei allem helfen. Leider hat er bei manchen einen schlechten Ruf – meiner Meinung nach aber nur deswegen, weil er oft schlecht zubereitet wird.

Wie alle Kohlgemüse kann man Brokkoli natürlich auch roh essen. Er schmeckt gut in Salaten oder mit Dips, kann aber ein bisschen »trocken« schmecken, wenn nicht genug Dressing dabei ist.

Ich mag ihn am liebsten kurz gebraten aus der Pfanne:

Brokkoli aus der Pfanne

Für 2 Personen
Protein: 8 g, GL: 8

ZUTATEN
1 großer Brokkoli
ein wenig Sojasauce und Zitronensaft
(nach Geschmack)

WERKZEUG
Brett, Messer
Pfanne mit Deckel
Kochlöffel

1 Die Brokkoliröschen in bissgroßen Stücken abschneiden. Den Stiel grob schälen und in Stücke schneiden (das zarte Innere schmeckt ähnlich wie Kohlrabi – man kann den ganzen Stiel mitessen, wenn er nicht zu holzig ist).

2 Ein wenig Olivenöl in der Pfanne erhitzen, den Brokkoli dazugeben und unter Rühren 1–2 Minuten anbraten. Dabei nicht braun werden lassen.

3 Ein paar EL Wasser dazugeben, kurz umrühren, die Pfanne mit einem Deckel verschließen und den Brokkoli ein paar Minuten im Dampf garen lassen – er wird dabei ganz dunkelgrün.

4 Wenn der Brokkoli »al dente« ist (also noch knackig, aber schon gar), mit Salz, Pfeffer, einem Spritzer Sojasauce und evtl. Zitronensaft abschmecken.

Siehe auch Abbildung Seite 123.

Was mache ich mit Mangold?

Mangold gehört zu der Gruppe der »grünen Blattgemüse«, und die schmecken nicht nur gut, sondern sind auch sehr gesund: Sie enthalten viele Mineralien und können die Leber bei der Entgiftung unterstützen. Mangold ist ganz leicht zuzubereiten und man kann fast die ganze Pflanze essen.

Gedämpfter Mangold

Für 2 Personen
Protein: 6 g, GL: 5

ZUTATEN
1 Mangold
1 Knoblauchzehe

WERKZEUG
Brett, Messer
Pfanne
großer Topf mit Dämpfeinsatz und Deckel

1 Den Mangold waschen und quer in ca. 2–3 cm breite Streifen schneiden.

2 Die weißen Teile in den Topf mit Dämpfeinsatz schichten, mit dem Deckel verschließen und zum Kochen bringen. Einige Minuten dämpfen.

3 Nach einigen Minuten die grünen Blattteile dazu geben und noch einige Minuten weiterdämpfen.

4 Knoblauch in ein wenig (»einmal um die Pfanne«) Olivenöl anschwitzen, den Knoblauch dabei nicht braun werden lassen.

5 Den Mangold kurz im Olivenöl schwenken, salzen und pfeffern.

Was mache ich mit Sellerie?

Sellerie hat einen schlechten Ruf. Dabei ist die Wurzel nicht nur heimisch bei uns, sondern auch extrem vielseitig. Sellerie kann man roh und gekocht essen. Hier sind zwei Rezepte, die ich besonders gerne mag:

Gebratene Selleriescheiben

Für 2 Personen
Protein: 2 g, GL: 5

(Sogar Menschen, die Sellerie nicht ausstehen können, mögen dieses Rezept – es ist ganz einfach und wirklich gut.)

ZUTATEN
1 Sellerieknolle
ein bisschen Butter

WERKZEUG
Brett, Messer
Topf mit Dämpfeinsatz und Deckel
Pfanne
Küchenrolle

1 Die Sellerieknolle säubern und schälen, in ca. 2 cm dicke Scheiben schneiden.
2 Wasser in den Topf geben, bis es gerade nicht durch den Dämpfeinsatz steigt. Selleriescheiben auf den Dämpfeinsatz schichten, den Topf mit dem Deckel verschließen und das Wasser zum Kochen bringen. Einige Minuten dämpfen, bis der Sellerie bissfest, aber gar ist (zum Test mit der Gabel einstechen).
3 Die Selleriescheiben mit Küchenrolle trocken tupfen. Ein wenig Butter in der Pfanne schmelzen und die Selleriescheiben von beiden Seiten ganz sanft anbraten, bis sie ein wenig Farbe haben. Salzen und pfeffern.

Selleriesalat

Für 2 Personen
Protein: 5 g, GL: 7

ZUTATEN
1 kleine Sellerieknolle
2–3 große Karotten
1 kleiner Apfel
2 EL Mayonnaise
3 EL Magerjoghurt oder Sojajoghurt
Zitronensaft

WERKZEUG
Schüssel
Reibe oder Küchenmaschine
Brett, Messer, Gemüseschäler

1 Sellerie, Apfel und Karotten grob raspeln.
2 Mayonnaise, Joghurt und Zitronensaft verrühren, Gemüse hinzufügen. Mit Salz und Pfeffer abschmecken.

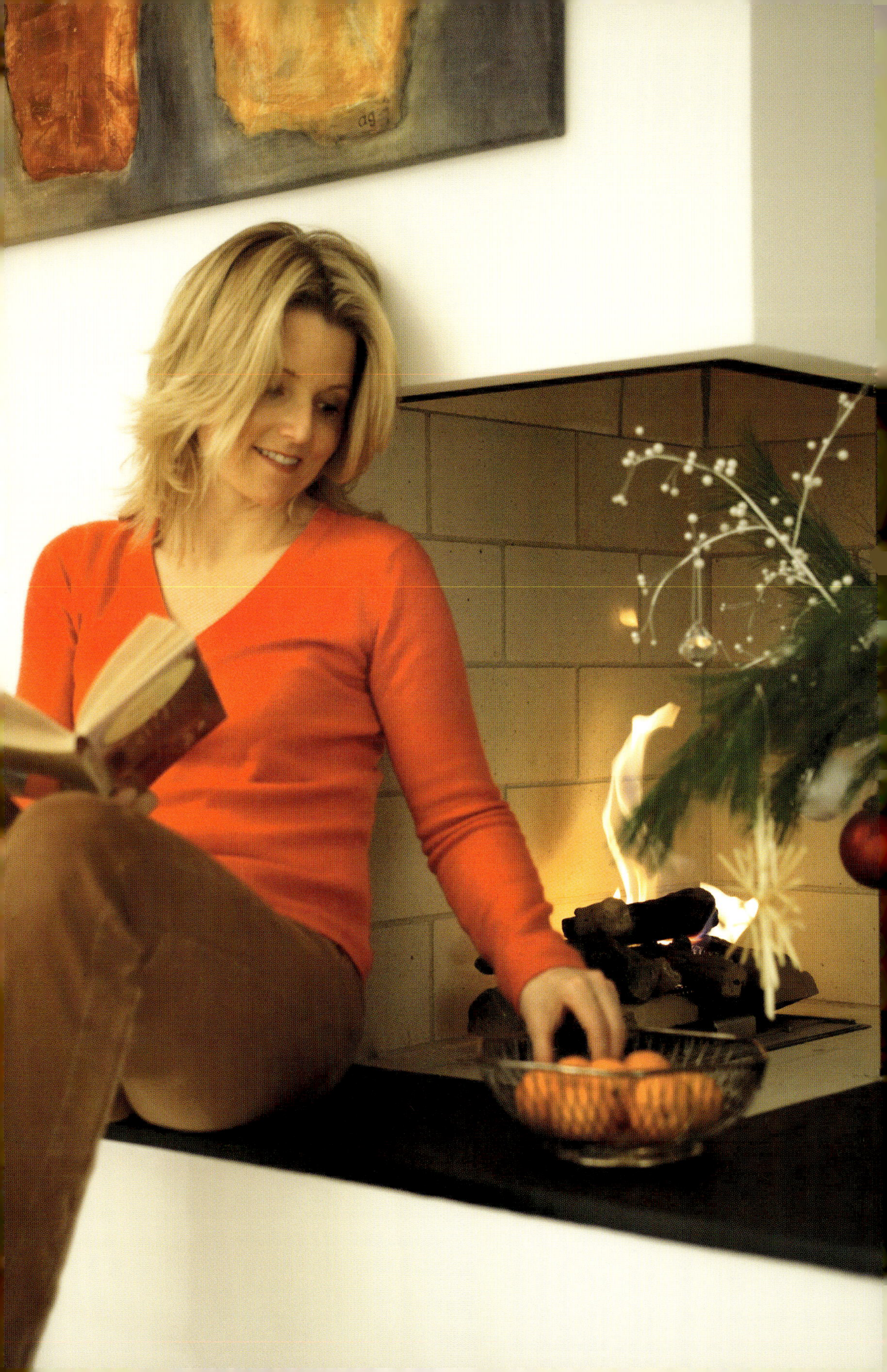

Winter

Endivie
Orange
Maroni
Ingwer
Chinakohl
Mandarine
Schwarzwurzel

Endivie
Orange
Maroni
Ingwer
Chinakohl

Salami-Omelett

Für 2 Personen
Protein: 15 g, GL: 2

ZUTATEN

1 Zwiebel, grob gehackt oder halbiert und in Ringe geschnitten
1 kleine Zucchini, in Streifen und dann in Stifte geschnitten oder klein gewürfelt
1 kleine Handvoll Champignons, in Scheiben geschnitten.
ein paar Scheiben oder ein kleines Stück Salami (ca. 30 g)
2–3 Eier

WERKZEUG

Brett, Messer
Pfanne
Kochlöffel
Teller
Schüssel

1 Die Salami und die Zwiebel mit einem ganz kleinen Stück Butter oder ein bisschen Olivenöl dünsten – die Salami soll dabei anbraten, die Zwiebel soll dabei keine Farbe annehmen.

2 Die Pilze dazugeben, salzen und weiterdünsten, bis sie Flüssigkeit abgeben.

3 Die Zucchini dazugeben und kurz weiterdünsten, bis die Zucchini knackig, aber gar ist. Gemüse aus der Pfanne nehmen und beiseite stellen.

4 Die Eier verquirlen und mit Salz, Pfeffer und Muskat würzen. Evtl. einen Schuss Mineralwasser unterrühren.

5 In der gleichen Pfanne ein ganz kleines Stück Butter schmelzen, dann die Hälfte der Eier hineingießen. Auf kleiner Hitze stocken lassen. Die Eier sind fertig, wenn sie auf der Oberfläche fast ganz trocken sind.

6 Die Hälfte des Gemüses auf einer Hälfte des Omeletts verteilen und die andere Hälfte darüberklappen.

7 Schritt 5 und 6 für das zweite Omelett wiederholen.

DAZU PASST: *ein Stück Vollkornbrot*

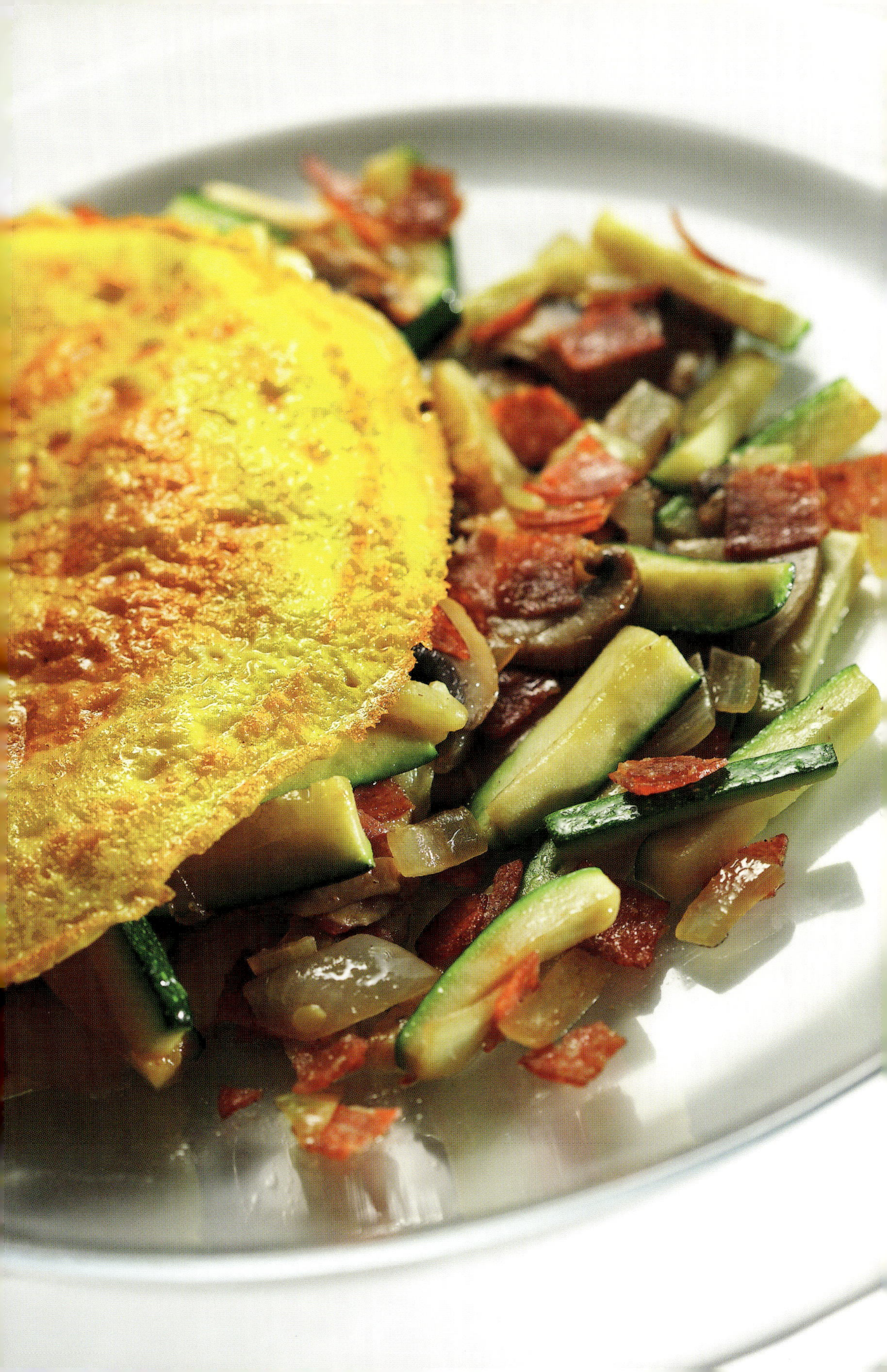

Porridge mit getrockneten Früchten

Für 1 Person
Protein: 13 g, GL: 15

Haferbrei hat nicht nur den Ruf, dass er gut für die Verdauung ist, Haferflocken können auch helfen, den Cholesterinspiegel zu senken – in dieser leckeren Variation erinnert aber sicher nichts an den alten »Haferschleim«.

ZUTATEN

3–4 gehäufte EL Haferflocken (Großblatt)
2 Dörrzwetschken
2 getrocknete Marillen
knapp ¼ l Milch
Zimt
2–3 Gewürznelken
1 EL Mandelsplitter

WERKZEUG

Topf
Schere oder Brett und Messer

1 Alle Zutaten zum Kochen bringen und ca. 10 Minuten köcheln lassen, bis die Flocken die Flüssigkeit aufgenommen haben und die Früchte weich sind.
2 Die Nelken entfernen und das Obst klein schneiden (Ich mache das mit der Schere gleich im Topf! Geht schneller!)
3 Mit den Mandelsplittern bestreut servieren.

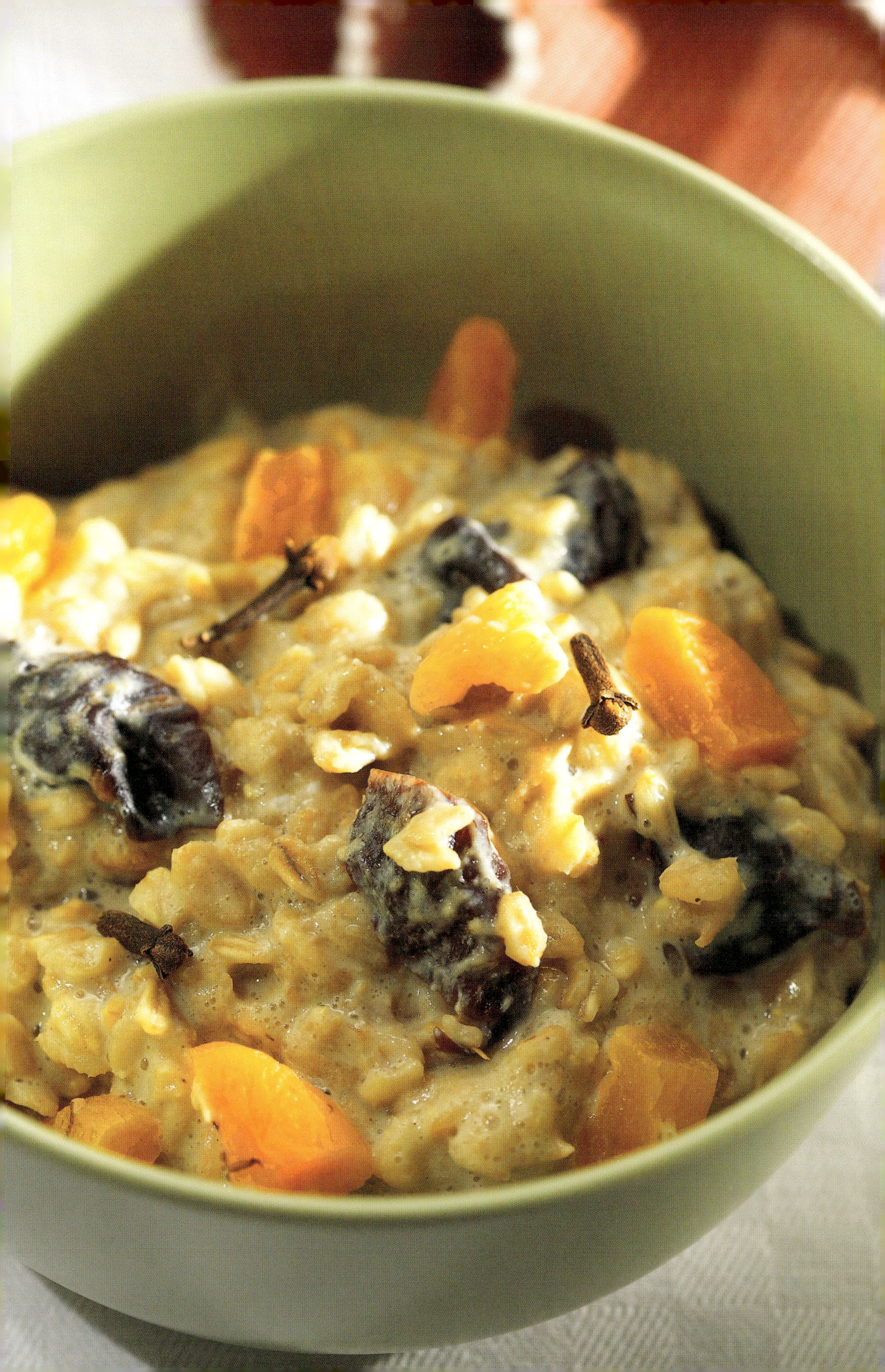

Chicken-Coleslaw

Für 2 Personen
Protein: 24 g, GL: 5

Klassischer Coleslaw *(sprich: Kohlsloh)* ist ein Salat voller Mayonnaise, der auf keinem amerikanischen Grillfest fehlen darf. Diese leichtere Version schmeckt toll als kaltes Mittagessen – ganz frisch zubereitet –, wird aber fast noch besser, wenn sie ein paar Stunden durchziehen darf. Ohne Huhn ist Coleslaw eine tolle Beilage beim Grillen.

ZUTATEN

1 Hühnerbrust
½ kleiner Weißkrautkopf
3 Karotten
2 EL Mandelstifte oder -blättchen (im Notfall kann man auch ganze Mandeln nehmen und sie grob zerkleinern)
1 Suppenwürfel oder 1 TL Suppenpulver

FÜR DAS DRESSING

2 EL Joghurt oder Sojajoghurt
1 gehäufter TL Mayonnaise
1 TL Dijon-Senf
1 kleiner Schuss Essig (ca. 1–2 TL)

WERKZEUG

Topf
Messer, Brett
evtl. Küchenmaschine
Raspel (für Karotten)
Pfanne
große Schüssel

1 In einem Topf genug Wasser zum Kochen bringen, damit das Hühnerfilet gut bedeckt ist. Den Suppenwürfel einrühren, das Hühnerfilet hineinlegen und die Hitze so weit reduzieren, dass das Wasser gerade nicht kocht. Das Hühnerfleisch ca. 10 Minuten garziehen lassen, ohne dass das Wasser sichtbar kocht.
2 Inzwischen den Krautkopf vierteln und den Strunk herausschneiden. Entweder mit dem Messer in ganz feine Streifen oder (besser) in der Küchenmaschine mit dem schmalsten Einsatz dünn schneiden. Die Karotten grob raspeln (mit der Hand oder mit einer Küchenmaschine).
3 Die Mandelstifte oder -stücke in einer Pfanne sanft trocken rösten, bis sie anfangen, hellbraun zu werden.
4 Alle Zutaten für das Dressing verrühren und mit Salz und Pfeffer abschmecken.
5 Das Dressing mit dem Kraut, den Karotten und den Mandeln verrühren. Das Huhn in Stücke schneiden, unterheben und nochmals abschmecken.

DAZU PASST: ein Stück Brot

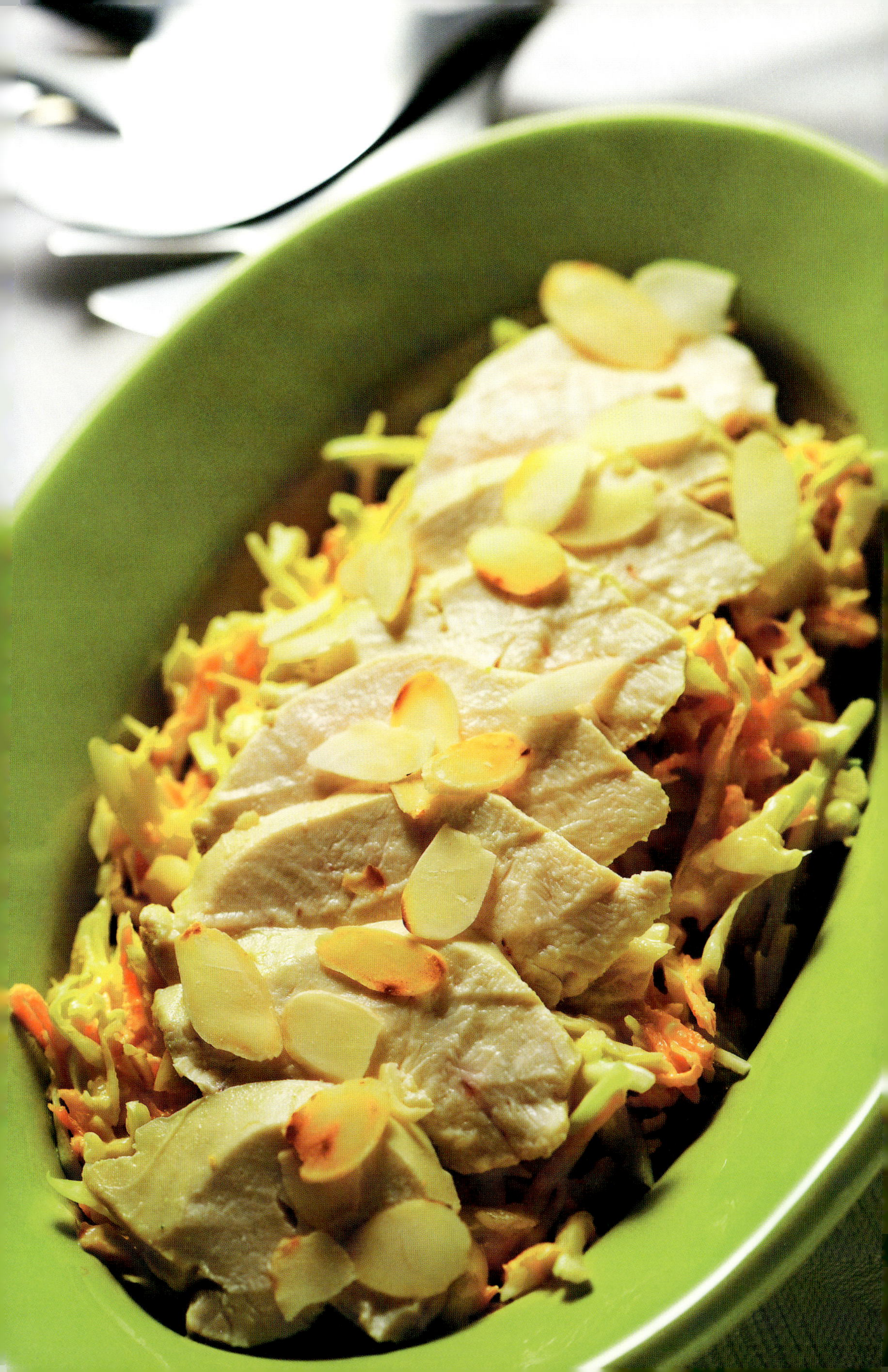

Linsensalat mit Papaya und Ingwer

Für 2 Personen
Protein: 12 g, GL: 9

Dieser Salat schmeckt sehr gut lauwarm als Abendessen oder kalt auch am nächsten Tag, z. B. als Mittagessen im Büro.

ZUTATEN
½ Tasse Berg- oder Château-Linsen (oder Champagner-Linsen, Puy-Linsen oder Beluga-Linsen); brauchen alle nicht eingeweicht zu werden, sind schnell gar und behalten beim Kochen ihre Form
1 roter Paprika oder ein halbes Glas geröstete Paprika, abgetropft
1 Stück Papaya, ca. faustgroß (ca. 150 g)
½ Salatgurke, in kleine Stücke geschnitten
Saft von 1 Limette
1 Stück Ingwer, ca. daumengroß
2 EL Olivenöl
1 EL geröstetes Sesamöl
Sojasauce

1 Die Linsen mit reichlich Wasser zum Kochen bringen und ca. 15 Minuten sprudelnd kochen, bis sie gar sind. Wasser nicht salzen! Danach die Linsen abgießen und abtropfen lassen.
2 Inzwischen Paprika für ca. 10–15 Minuten bei der größtmöglichen Stufe (ca. 240 °C) ins Backrohr legen, bis er anfängt schwarz zu werden. Paprika aus dem Ofen nehmen und in einen Gefrierbeutel (oder anderen Plastiksack) legen und den Beutel verschließen. (Diesen Schritt auslassen, wenn man schon fertig geröstete Paprika verwendet – sie müssen dann auch nicht geschält werden.)
3 Die Papaya entkernen, schälen und in sehr kleine Stücke, ebenso die Gurke. Den abgekühlten Paprika aus dem Beutel nehmen, entkernen und die Haut abziehen. In bissgroße Stücke schneiden.
4 Den Ingwer fein hacken oder reiben und mit 2 EL Olivenöl, 1 EL Sesamöl und dem Limettensaft zu einer Salatsauce rühren. Mit Sojasauce, Salz und Pfeffer abschmecken.
5 Alle Zutaten miteinander verrühren.

DAZU PASST: ein Stück Vollkornbrot

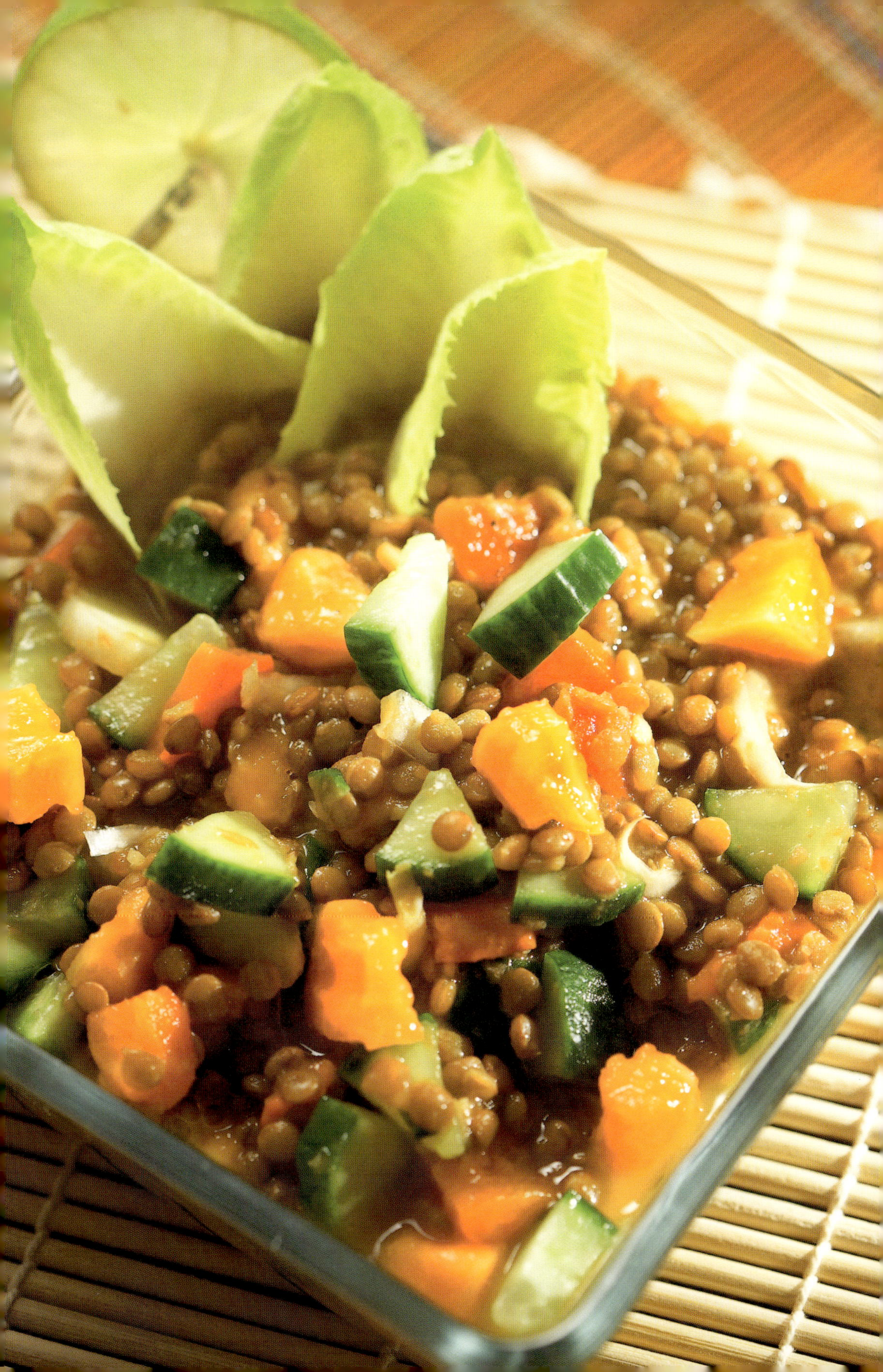

Dijon-Estragon-Huhn

Für 2 Personen
Protein: 20 g, GL: 4

ZUTATEN

1 **Hühnerbrust,** der Länge nach halbiert
1 **TL Estragon,** wenn möglich frisch
1 **EL Dijon-Senf**
2 **EL Schlagobers**
½ **Stange Lauch,** in feine Ringe geschnitten
2 **große Zwiebeln,** in Ringe geschnitten
1 **kleines Glas Weißwein**

WERKZEUG

Brett, Messer
Pfanne
Kochlöffel

1 Die Hühnerstücke salzen, pfeffern und in ein wenig Olivenöl (»einmal um die Pfanne«) von beiden Seiten anbraten, aus der Pfanne nehmen und zur Seite stellen.

2 Die Zwiebeln und den Lauch in die Pfanne geben und glasig dünsten. Hühnerstücke dazugeben und ca. 10 Minuten dünsten, bis die Hühnerstücke gar sind. Gemüse und Huhn aus der Pfanne nehmen. Weißwein in die Pfanne geben, Dijon-Senf, Estragon und Schlagobers einrühren und ein paar Minuten einkochen lassen. Gemüse und Huhn dazugeben, kurz durchschwenken und mit Salz und Pfeffer abschmecken.

DAZU PASST: *Salzkartoffeln oder Reis und evtl. ein Blattsalat*

Hühnercurry mit Banane

Für 2 Personen
Protein: 48 g, GL: 10

ZUTATEN

2 Hühnerbeine, am Gelenk auseinandergeschnitten (also 4 Teile: 2 Unterschenkel und 2 Oberschenkel)

1 Stange Lauch, in 1 cm Scheiben geschnitten

1 Zucchini, längs geviertelt und dann in Stücke geschnitten

2 Karotten, schräg in 1 cm dicke Scheiben geschnitten

½ Banane, in kleine Würfel geschnitten

2–3 Zwiebeln, in bissgroße Stücke geschnitten (jede Zwiebel ungefähr achteln)

2 EL Currypulver

½ Zitrone (unbehandelte Schale), in Scheiben geschnitten

WERKZEUG

Brett, Messer
Pfanne mit Deckel
Kochlöffel

1 Die Hühnerstücke in einer tiefen Pfanne mit ein wenig Olivenöl von beiden Seiten scharf anbraten, bis sie schön braun sind.

2 Die Hühnerteile aus der Pfanne nehmen und beiseite stellen. Zwiebeln, Zucchini, Lauch und Karotten 1–3 Minuten in der Pfanne anbraten, dann die Hitze reduzieren. Hühnerstücke wieder dazugeben, mit Currypulver bestreuen und 1–2 Minuten weiterbraten. Mit einem Schuss Wasser (ca. 1 kleines Glas) ablöschen und kurz durchrühren. Banane und Zitrone hinzufügen. Salzen und pfeffern.

3 Die Pfanne entweder zugedeckt bei ca. 120 °C in den Ofen stellen (darauf achten, ob die Pfannengriffe hitzebeständig sind!) oder bei kleiner Flamme zugedeckt am Herd ca. 30 Minuten schmoren lassen.

Geröstete Hühner-Paprika-Suppe

Für 2 Personen
Protein: 32 g, GL: 7

SCHMECKT IMMER WINTER

ZUTATEN

2 Hühnerbeine
3 rote Paprika (oder fertig geröstete aus dem Glas – 1 großes Glas)
2 Zwiebeln
2 Knoblauchzehen, ungeschält
ca. 1 l Hühnerbrühe (oder Gemüsebrühe aus Würfel)
1 TL Majoran

WERKZEUG

Brett, Messer
Blech
Gefrierbeutel
Topf
Kochlöffel

1 Die Hühnerbeine am Gelenk halbieren, salzen, pfeffern und auf ein Blech legen (evtl. mit Backpapier belegen).

2 (Wem die Paprika-Schälerei zu mühsam ist, der kann diesen Schritt auslassen und einfach geröstete Paprika aus dem Glas nehmen – gut abtropfen lassen.) Die Paprikaschoten waschen, halbieren und mit der Haut nach oben neben die Hühnerstücke legen. Die Knoblauchzehen (ungeschält!) dazulegen. Bei 200 °C im Ofen rösten. Die Hühnerbeine und den Knoblauch nach 30 Minuten herausnehmen, die Paprikaschoten noch ca. 5 Minuten weiterrösten – sie können dabei ruhig an einigen Stellen schwarz werden. Danach die Paprikaschoten in eine Plastiktüte geben (z. B. Gefrierbeutel), gut verschließen und einige Minuten rasten lassen – der Dampf, der in der Tüte entsteht, hilft dabei, die Haut abzulösen.

3 Inzwischen die Zwiebeln in Ringe schneiden oder fein hacken und in Olivenöl (»einmal um die Pfanne«) dünsten, bis sie goldgelb sind. Majoran kurz mitdünsten lassen.

4 Das Hühnerfleisch vom Knochen lösen, die Haut abziehen und das Fleisch in feine Streifen zupfen oder schneiden.

5 Die Haut von den Paprikaschoten abziehen (sollte jetzt ganz leicht gehen), diese entkernen, den Stiel entfernen und in Streifen schneiden. Die Paprikastreifen zu den Zwiebeln geben. Die Knoblauchzehen »ausdrücken« und den (recht klebrigen) Inhalt zum Gemüse geben. Umrühren.

6 Die Brühe nach und nach zum Gemüse geben, Huhn dazugeben und mit Salz und Pfeffer abschmecken.

DAZU PASST: ein Stück Vollkornbrot

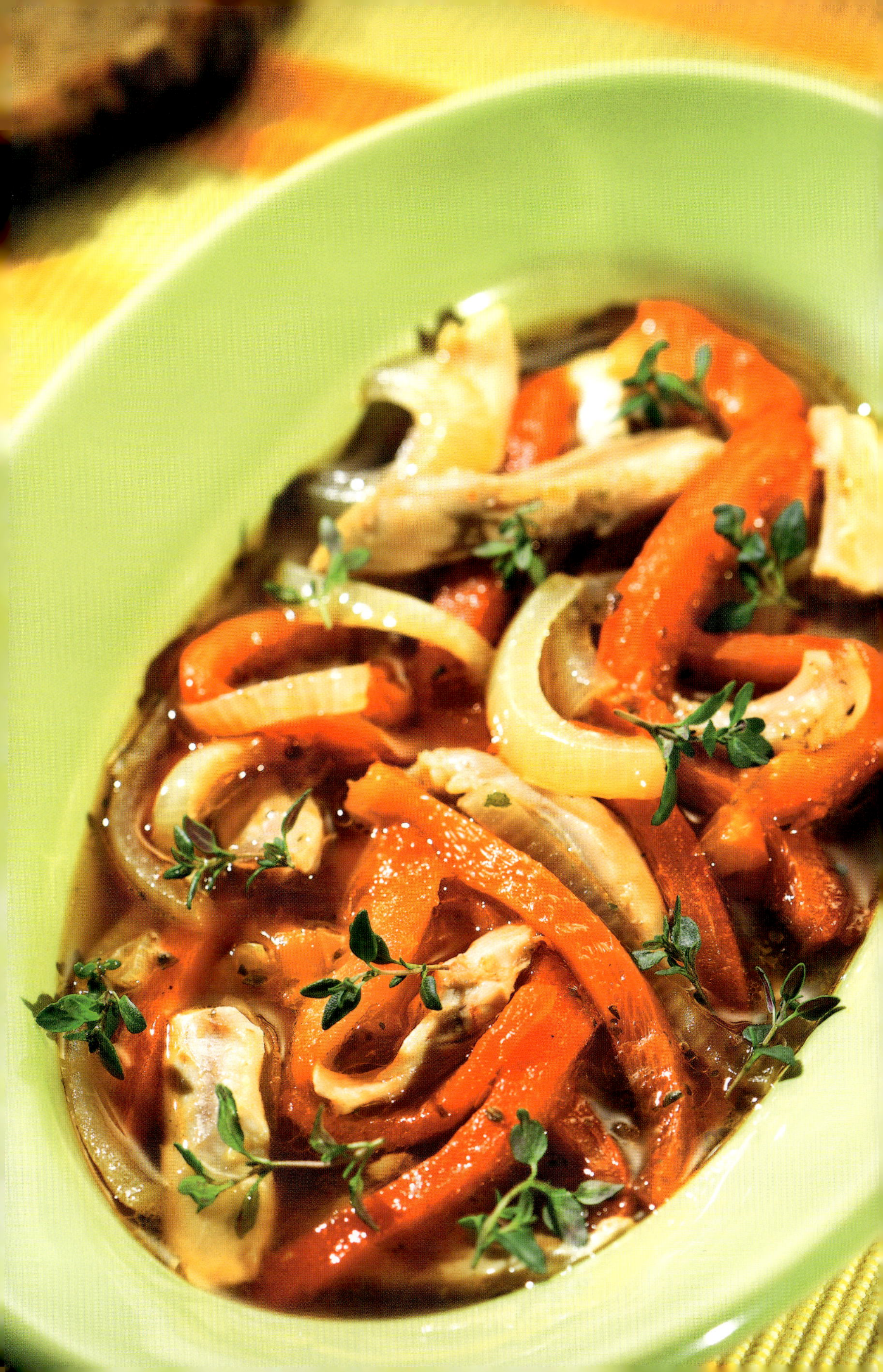

Ingwer-Linsen-Suppe mit Chinakohl

Für 2 Personen
Protein: 12 g, GL: 6

Nicht fürs Auge, aber sehr schnell, einfach und köstlich.

ZUTATEN

1 **Zwiebel,** fein gehackt
1 **kleine Tasse rote oder gelbe Linsen**
1 **Karotte,** in kleine Würfel geschnitten
1 **Knoblauchzehe**
1 **Stück Ingwer,** mindestens so groß wie eine große Knoblauchzehe, bis zu halber Daumengröße
½ **kleiner Chinakohl,** quer in ganz schmale Streifen geschnitten
1 **Zitrone**

WERKZEUG

Topf
Brett, Messer
evtl. Pürierstab

1 Die Linsen in einen Topf geben und gut waschen – das Wasser dabei immer wieder weggießen, bis es beim Waschen fast klar bleibt. Das reduziert die Schaumbildung beim Kochen und macht die Linsen weniger blähend. Mit der doppelten Menge Wasser zum Kochen bringen.

2 Inzwischen die Zwiebel fein hacken, die Karotte in kleine Würfel schneiden und Knoblauch und Ingwer schälen, ganz fein hacken und alles zu den Linsen geben. Ca. 10–15 Minuten köcheln lassen, bis die Linsen ganz weich sind.

3 Die Suppe evtl. mit dem Pürierstab pürieren. Mit Salz und Pfeffer abschmecken.

4 Chinakohl unterrühren und nochmals ca. 5 Minuten köcheln lassen, bis der Chinakohl weich ist.

5 Mit viel Zitronensaft, Salz und Pfeffer abschmecken.

DAZU PASST: *ein Stück Brot*

Geschnetzeltes auf gesunde Zürcher Art

Für 2 Personen
Protein: 27 g, GL: 3

ZUTATEN
200 g Kalbfleisch oder Hühnerbrust (oder auch Truthahnbrust)
1 Stange Lauch
1–2 Zwiebeln
1 Handvoll weiße Champignons
3 EL Schlagobers
1 kleines Glas Weißwein
1 halbes Glas Hühnerbrühe (oder Wasser mit ein wenig Suppenwürfel)
1 große Handvoll gehackte Petersilie

WERKZEUG
Messer, Brett
Pfanne mit Deckel
Teller
Kochlöffel

1 Das Fleisch in Streifen schneiden. Lauch in feine Streifen schneiden, Champignons trocken putzen und in Scheiben schneiden. Die Zwiebeln hacken.

2 Das Fleisch in ein wenig Butterschmalz (oder Olivenöl – »einmal um die Pfanne«) anbraten, aus der Pfanne nehmen und beiseite stellen. Die Champignons in die Pfanne geben, salzen und dünsten, bis sie anfangen Flüssigkeit abzugeben. Die Zwiebeln und den Lauch in die Pfanne geben und glasig dünsten. Das Gemüse soll dabei keine Farbe annehmen. Hühnerstücke wieder dazugeben und ein paar Minuten weiterdünsten. Mit Weißwein ablöschen, ein wenig einkochen lassen, dann Hühnerbrühe und Obers dazugeben und weiterköcheln lassen.

3 Mit Salz und Pfeffer abschmecken, die Petersilie unterrühren.

DAZU PASST: Salzkartoffeln oder Rösti und evtl. ein Blattsalat

Krautfleckerl

Für 2 Personen
Protein: 21 g, GL: 15

ZUTATEN

½ kleiner Krautkopf (Spitzkraut, Weißkraut)
80 g »Fleckerl«-Nudeln oder Mini-Farfalle-Pasta (oder andere kleine Nudeln)
1 EL Butter
3 Eier
1 Zwiebel
Muskatnuss
evtl. ein wenig Schnittlauch, fein gehackt

WERKZEUG

Brett, Messer
Pfanne mit Deckel
Topf
Schüssel
kleine Pfanne

1 Die Zwiebel in grobe Würfel schneiden und in der Butter anschwitzen.

2 Den Krautkopf halbieren, den Strunk herausschneiden und den Rest in 2 x 2 cm große Stücke schneiden.

3 Zur Zwiebel geben und bei mittlerer Hitze weiter anbraten. Salzen, pfeffern, ein wenig geriebene Muskatnuss dazugeben, gut umrühren und zugedeckt weiterdünsten. Die Hitze reduzieren, immer wieder umrühren bis das Kraut leicht goldgelb und ganz durch ist. Dauert 20–30 Minuten.

4 Inzwischen Wasser mit einer großen Prise Salz zum Kochen bringen und die Nudeln »al dente« kochen.

5 Die Eier in einer Schüssel gut verquirlen und mit Salz und Pfeffer würzen. In einer Pfanne ganz wenig Butter schmelzen und ein wenig Ei hineingießen, sodass ein hauchdünnes Omelett entsteht. Aus der Pfanne nehmen und beiseite stellen. So lange wiederholen, bis die Eimasse aufgebraucht ist.

6 Die Nudeln mit dem Kraut vermischen und mit Salz, Pfeffer und Muskatnuss abschmecken. Das Omelett in Streifen schneiden und unterrühren. Mit Schnittlauch bestreut servieren.

DAZU PASST: ein grüner Salat oder ein Tomatensalat

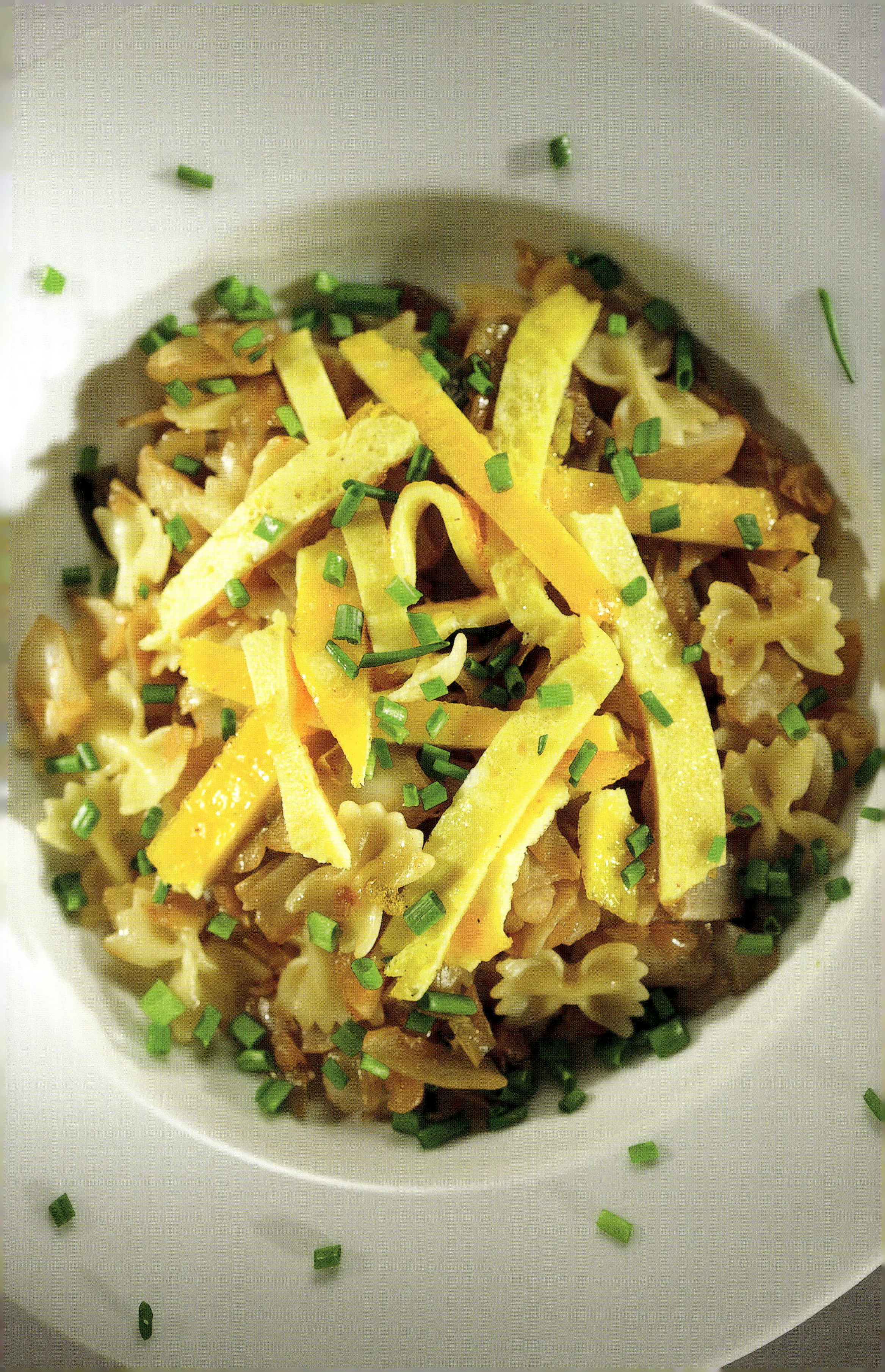

Shrimp Gumbo

Für 2 Personen
Protein: 22 g, GL: 15

Gumbo *(sprich: gambo)* sind Eintöpfe aus dem Süden der USA, die scharfe Gewürze, verschiedene Fleischsorten, aber auch Bohnen und oft Reis miteinander kombinieren.

ZUTATEN

100 g gefrorene Shrimps, aufgetaut, geschält, Darm entfernt (der dunkle Strich am Rücken)
50 g Salami, in Würfel geschnitten
1 Dose gestückelte Tomaten
¼ l Gemüsebrühe (oder Wasser und Brühwürfel, aber möglichst vollbiologisch und ohne Geschmacksverstärker)
Cajun-Gewürzmischung *(sprich: kädschen)*: ½ TL gemahlener Kümmel, ½ TL gemahlener Kreuzkümmel, 1 TL Paprika, 1 TL Chilipulver oder Cayennepfeffer, ½ TL frisch gemahlener Pfeffer, 1 TL getrockneter Oregano
1 große Zwiebel, fein gehackt
1 Knoblauchzehe, geschält und fein gehackt
2 große Stangen Sellerie, quer in feine Streifen geschnitten
1 grüner Paprika, entkernt und in kleine Würfel geschnitten
knappe ½ Tasse Reis

WERKZEUG

1 kleiner und 1 großer Topf
Brett, Messer
Kochlöffel

1 In einem kleinen Topf den Reis mit doppelt so viel Wasser und einer Prise Salz zum Kochen bringen. Auf kleiner Hitze gar kochen.
2 In einem großen Topf Salami, Zwiebel, Knoblauch, Sellerie und Paprika in ein wenig Olivenöl (»einmal um die Pfanne«) anbraten. Weiterbraten bis die Salami knusprig ist und das Gemüse Farbe angenommen hat.
3 Gewürze zugeben und 1–2 Minuten weiterbraten.
4 Mit Tomaten und Brühe aufgießen und ca. 10 Minuten köcheln lassen.
5 Die Shrimps dazugeben und noch ca. 4 Minuten köcheln lassen.
6 Zum Servieren in jeden Suppenteller einen Löffel Reis geben und den Eintopf darübergießen.

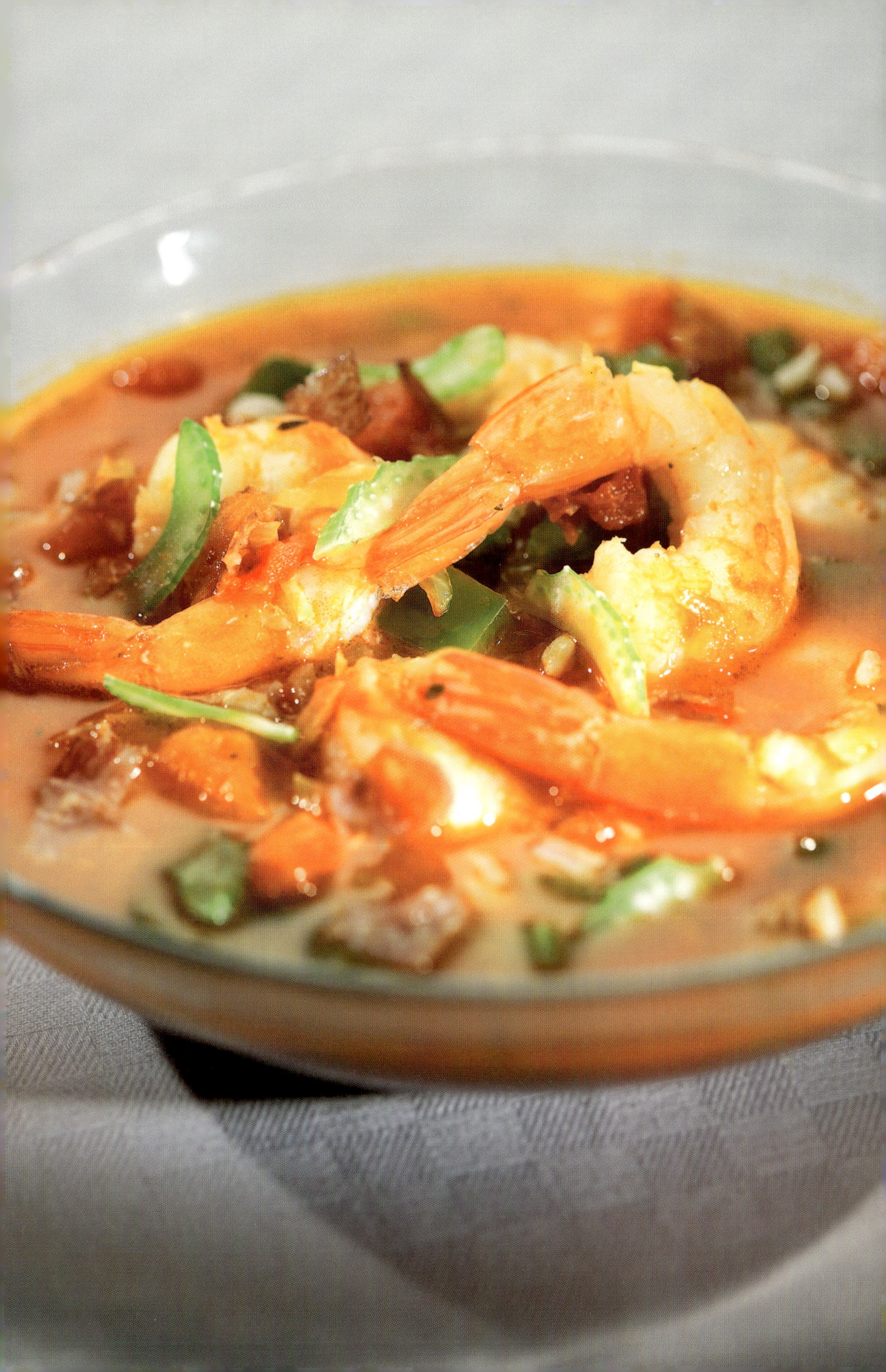

Rotes thailändisches Curry mit Lachs

Für 2 Personen
Protein: 22 g, GL: 8

Geht ganz schnell – mit Reis oder Reisnudeln servieren. Schmeckt auch gut auf Quinoa.

ZUTATEN

1 großes oder 2 kleine Lachsfilets
½ Stange Lauch, in ca. 2 cm große Scheiben geschnitten
1–2 Zwiebeln, in große Stücke geschnitten (ca. in 8 Stücke schneiden)
1–2 Karotten
1 Stück Brokkoli (im Ganzen 4 Fäuste Gemüse)
½ Dose Kokosmilch
Saft von 1 Limette
rote Currypaste (thailändisch)
1 daumengroßes Stück Ingwer, geschält und gerieben

WERKZEUG

Brett, Messer
Pfanne mit Deckel

1 Zwiebeln und Lauch in ein wenig Öl (z. B. Olivenöl) andünsten, dabei keine Farbe annehmen lassen. Das restliche Gemüse zugeben und 1–2 Minuten weiterdünsten.
2 1–2 TL Currypaste zum Gemüse geben und unter Rühren 1–2 Minuten weiterbraten. Mit der Kokosmilch aufgießen. Ingwer unterrühren. Evtl. mit ein bisschen Wasser aufgießen.
3 Die Pfanne mit einem Deckel verschließen und einige Minuten dünsten lassen.
4 Mit Salz, Pfeffer und Limettensaft abschmecken.
5 Die Lachsfilets bei Bedarf von der Haut lösen und in bissgroße Stücke schneiden. Die Lachsstücke auf das Gemüse legen, vorsichtig in die Sauce drücken und bei kleiner Hitze garziehen lassen (dauert nur ein paar Minuten).

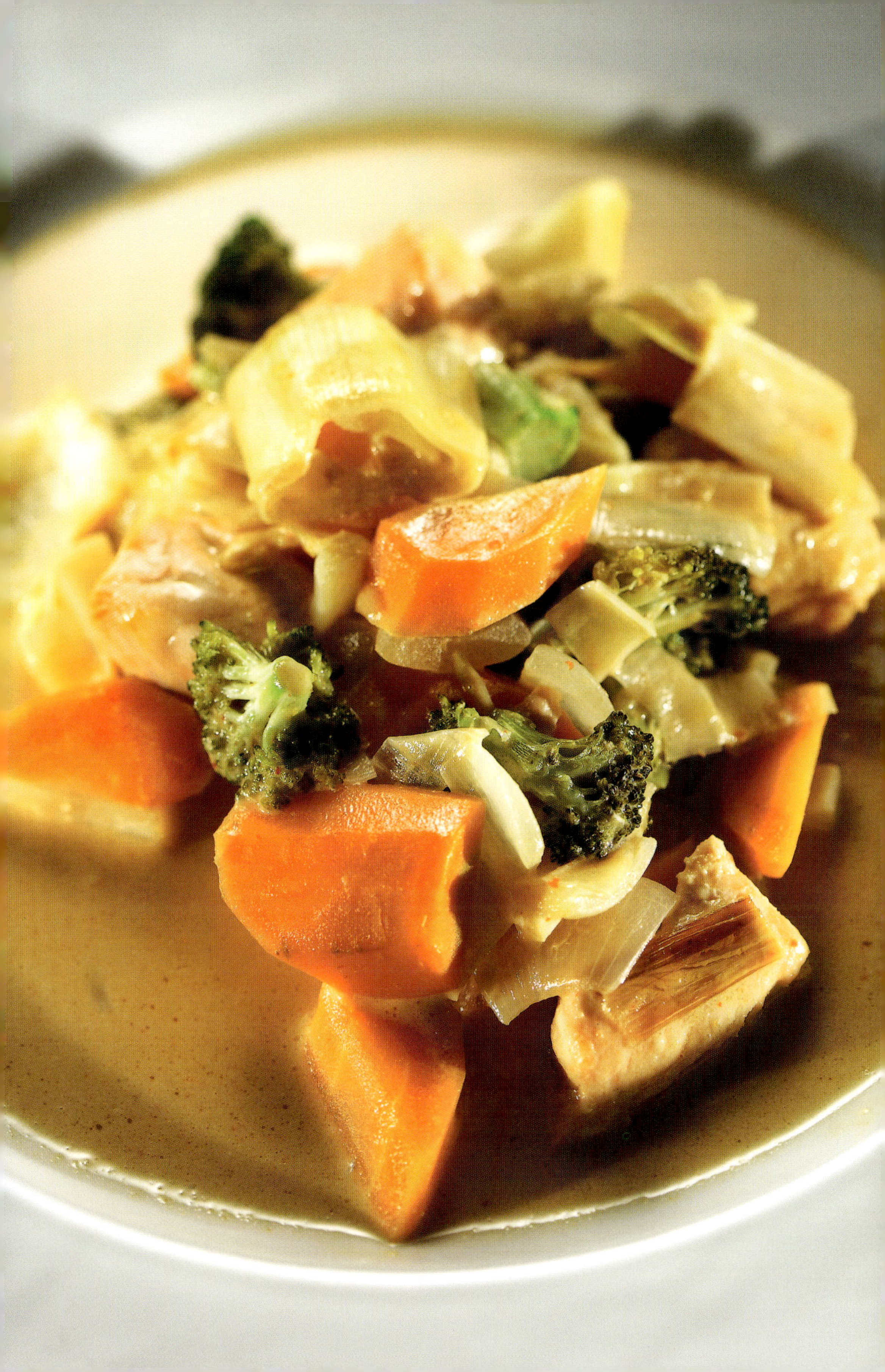

Gebratene Entenbrust

Für 2 Personen
Protein: 25 g, GL: 0

Dieses Rezept enthält nur Eiweiß – dazu fehlen also noch stärkehaltige Kohlenhydrate und mindestens 2 Fäuste Gemüse.

ZUTATEN
1 Entenbrust

WERKZEUG
Brett, Messer
Pfanne, evtl. mit Spritzschutz
Pfannenwender

1 Den Ofen auf 90 °C vorheizen.

2 Die Entenbrust gut abwaschen und abtrocknen, mit Salz und Pfeffer einreiben. Die Fettschicht an der Oberseite rautenartig einschneiden ohne das Fleisch zu verletzen.

3 Eine Pfanne sehr heiß werden lassen, dann das Fleisch mit der Fettseite nach unten in die Pfanne geben. Hitze ein wenig reduzieren und das Fleisch ca. 7 Minuten braten. Ente kann stark spritzen, daher die Pfanne abdecken – am besten mit einem Spritzschutz (das ist ein flaches Sieb).

4 Das Fett abgießen. Die Brust nun in der Pfanne wenden und ca. 2 Minuten auf der Fleischseite braten.

5 Herausnehmen und abgedeckt für ca. 10–15 Minuten im Ofen warmstellen.

6 Schräg aufschneiden.

DAZU PASST: z. B. Topinambur, Kartoffeln und entweder Ofengemüse, gedämpftes Gemüse oder ein großer Salat

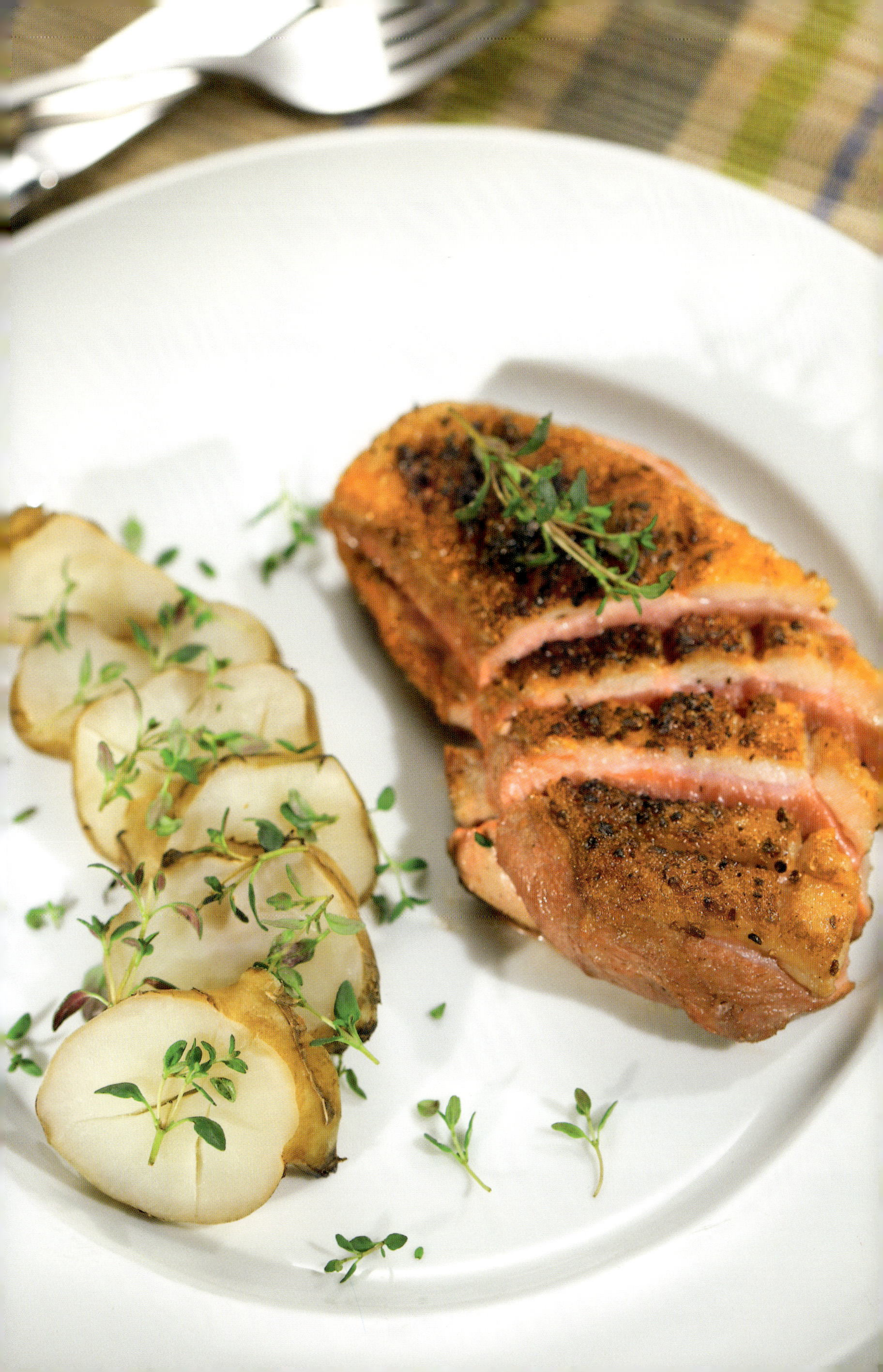

Einfaches Brathuhn mit Zitronenkartoffeln

Für 4 Personen
Portion: 54 g, GL: 12

Bei diesem Rezept fehlt das Gemüse – am besten also einen großen Blattsalat dazu essen. Man kann aber auch die letzten 20 Minuten der Bratzeit klein geschnittenes Gemüse in die Form neben das Huhn legen.

ZUTATEN

1 großes Bio-Brathuhn
Kartoffeln, ca. 4 Stück, faustgroß
ein bisschen Paprikapulver (edelsüß)
1–2 Zitronen
evtl. frischer Estragon

WERKZEUG

Brett, Gabel, Messer
Bräter (Blech oder Form)
Zitronenpresse
Schüssel

1 Das Huhn innen und außen waschen, trocken topfen, salzen und pfeffern und mit Paprika einreiben (vor allem innen wichtig, denn da nimmt das Fleisch die Gewürze besser auf als über die Haut) anschließend mit Öl bestreichen.

2 Eine der Zitronen fest auf der Tischplatte hin und her rollen, dann die Zitrone mit einer Gabel mehrfach rundherum einstechen und entweder die Zitrone oder ein Büschel Estragon-Blätter in die Bauchhöhle des Huhns legen.

3 Das Huhn mit der Brust nach oben in einen mit Öl bestrichenen Bräter legen. Evtl. kann man eine in Scheiben geschnittene Zwiebel unterlegen; dies verhindert, dass das Huhn in der Form anklebt und die Haut reißt.

4 Den Ofen auf 250 °C vorheizen und das Huhn darin ca. 20–30 Minuten braten, dann die Hitze auf 170 °C reduzieren und das Huhn weitere 50–60 Minuten garen.

5 Die Kartoffeln der Länge nach vierteln und in einer Schüssel mit dem Saft einer Zitrone, Salz, Pfeffer und einem Schuss Olivenöl vermischen. Nachdem das Huhn ca. 1 Stunde im Ofen war, die Kartoffeln um das Huhn legen. Noch ca. 20–30 Minuten weiterbraten.

6 Das Huhn vierteln, die Zitrone oder die Kräuter entfernen und mit den knusprigen Kartoffeln servieren.

DAZU PASST: *ein großer Salat*

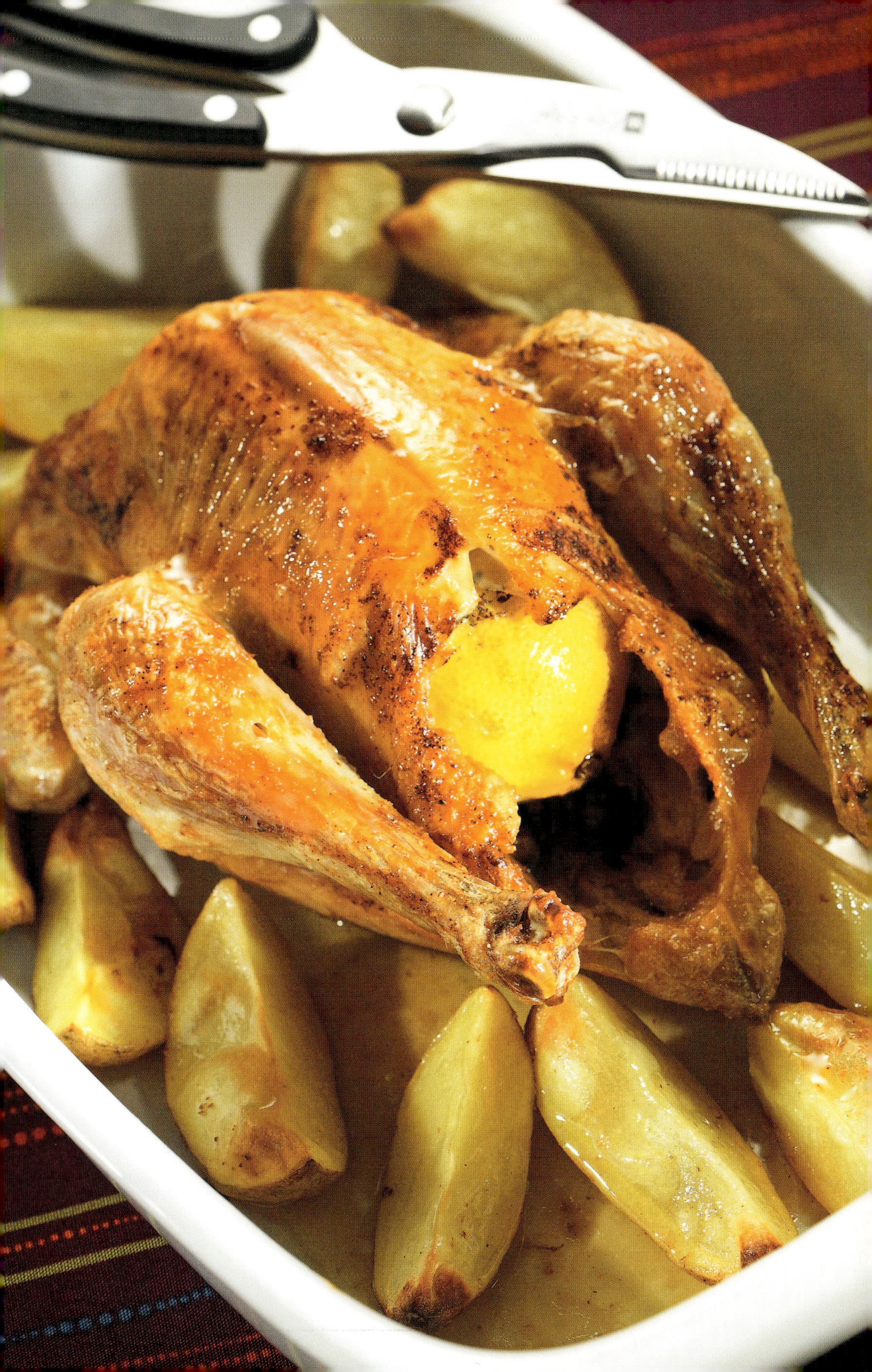

Was mache ich mit Kraut?

Alle Kohlgemüse stecken voller Vitamine (vor allem Vitamin C – im Winter wichtig) und sind Wundermittel zur Leberentgiftung. Gerade im Winter kann man sie gut in den Speiseplan einbauen, denn sie sind kostengünstig und wachsen bei uns – brauchen also nicht wie anderes Gemüse, das im Winter erhältlich ist, von weit hertransportiert werden.

Kraut kann man als Salat (Coleslaw, Seite 138) roh oder aber auch gekocht in den verschiedensten Variationen (z. B. Krautfleckerl, Seite 148) zubereiten. Eine ganz andere Version ist »Kohlmus«, das man ähnlich wie Kartoffelpüree sehr gut zu Fleisch servieren kann. Es macht ein bisschen mehr Arbeit, ist aber die Mühe wert! Außerdem ist es eine gute Möglichkeit für Menschen, die Probleme mit der Schilddrüse haben, denn die sollten nicht zu viel rohes Kohlgemüse essen.

Kohlmus
(oder auch original auf Französisch: Chou en purée [Schu on püre])

Für 2 Personen
Protein: 6 g, GL: 11

ZUTATEN
½ großer Krautkopf (Weißkraut)
1 Zwiebel
1 EL Butter
3 EL Schlagobers
2 EL Mehl
Salz, Pfeffer, Muskat

WERKZEUG
Brett, Messer
Topf
Kochlöffel
Pürierstab oder Küchenmaschine/Mixer
Sieb

1 Den Krautkopf säubern, vierteln, Strunk herausschneiden und evtl. im kochenden Salzwasser 5 Minuten blanchieren (das ist optional; dazu Salzwasser zum Kochen bringen und die Krautviertel im sprudelnden Wasser 5 Minuten kochen, dann mit kaltem Wasser abschrecken; abtropfen lassen).
2 Das Kraut zerteilen und mit der Zwiebel in frischem Wasser weich kochen. Abtropfen lassen und im Mixer pürieren.
3 Die Butter in einem großem Topf schmelzen und das Mehl darin anschäumen. Mit dem Schlagobers und ein wenig Wasser aufgießen und gut verrühren. Immer weiterrühren und nach und nach den Kohl unterrühren. Mit Salz, Pfeffer und Muskatnuss abschmecken.

Was mache ich mit Kürbis?

Kürbis ist extrem vielseitig und ganz einfach zuzubereiten – und man kann viel mehr damit machen als nur Kürbissuppe. In Amerika macht man sogar Süßspeisen und eine Art Marmelade daraus. Meine Lieblingssorten sind zum einen der Butternut-Kürbis, der birnenförmig ist mit einer recht blassen Schale und einem kräftig orangefarbenen Fruchtfleisch. Butternut-Kürbis schmeckt gut, kann aber ein wenig schwierig zu schälen sein – ein guter Gemüseschäler funktioniert aber recht gut. Meine zweite Lieblingssorte ist Hokkaido-Kürbis – der muss nicht geschält werden und schmeckt sehr gut, wenn man ihn halbiert, entkernt und dann im Ofen wie eine Kartoffel bäckt.

Curry-Kürbisgemüse

Für 2 Personen
Protein: 4 g, GL: 4

ZUTATEN
1 großes Stück Kürbis (ca. so groß wie 4 Fäuste)
1 große Zwiebel
1 EL Currypulver
evtl. etwas Zitronensaft

WERKZEUG
Brett, Messer
Pfanne mit Deckel

1 Den Kürbis schälen, Kerne entfernen und in große Würfel (ca. 3 x 3 cm) schneiden.
2 Zwiebel schälen, halbieren und längs in Streifen schneiden.
3 Zwiebel in ein wenig Olivenöl (»einmal um die Pfanne«) anbraten, nach 1–2 Minuten die Kürbiswürfel hinzugeben. Unter Rühren ein paar Minuten weiterbraten.
4 Mit dem Currypulver bestäuben, noch 1–2 Minuten weiterrühren, dann mit einem kleinen Glas Wasser aufgießen und mit dem Deckel verschließen.
5 Hitze reduzieren und 8–10 Minuten dünsten lassen, bis der Kürbis weich ist. Mit Salz und Pfeffer und evtl. ein wenig Zitronensaft abschmecken.

Was mache ich mit Topinambur?

Topinambur heißt auch manchmal Jerusalem Artischocke und schmeckt wie eine Mischung aus Kartoffel und Artischocke. Man kocht und verwendet sie wie Kartoffeln, kann sie also braten, kochen oder zu Püree verarbeiten. Topinambur enthaltet Stoffe, die Futter für unsere Darmbakterien sind – sie ist also nicht nur köstlich, sondern auch sehr gesund!

Gebratene Topinamburscheiben

Für 2 Personen
Protein: 4 g, GL: 14

ZUTATEN
pro Person eine Faustgröße Topinambur

WERKZEUG
Brett, Messer
Pfanne
Topf

1 Topinambur waschen und gut abbürsten.
2 In kaltem Wasser aufsetzen und zum Kochen bringen und so lange kochen, bis sie gar sind – ca. 20 Minuten (mit der Gabel einstechen und testen).
3 Topinambur in Scheiben schneiden und in ein wenig Butter in der Pfanne ganz sanft anbraten, bis sie Farbe annehmen. Salzen und Pfeffern.

Siehe Abbildung Seite 155.

Vorratskammer

WAS MAN IMMER ZU HAUSE HABEN SOLLTE:

Artischockenherzen (Glas oder Dose)
Bohnen, verschiedene (Dose): weiße, rote
Brühwürfel oder Suppenpulver, vollbiologisch und ohne Geschmacksverstärker
Butter
Chilipaste (z. B. Sambal-Olek)
Couscous
Dijon-Senf
Eier
Essig, z. B. Balsamico-Essig oder Apfelessig
Fischsauce
Haferflocken
Kichererbsen (Dose)
Knäckebrot
Knoblauch
Kokosmilch
Linsen, verschiedene: z. B. rote, gelbe, Berglinsen, Belugalinsen
Mehl
Nudeln: Vollkorn, Reisnudeln
Oliven
Olivenöl
Polenta
Quinoa
Reis, ungeschält
Sesamöl, geröstet
Sojamilch
Sojasauce
Thunfisch oder andere Fischkonserven
Tiefkühlgemüse
Tofu
Tomaten getrocknet
Tomaten aus der Dose
Zitronen
Zwiebeln

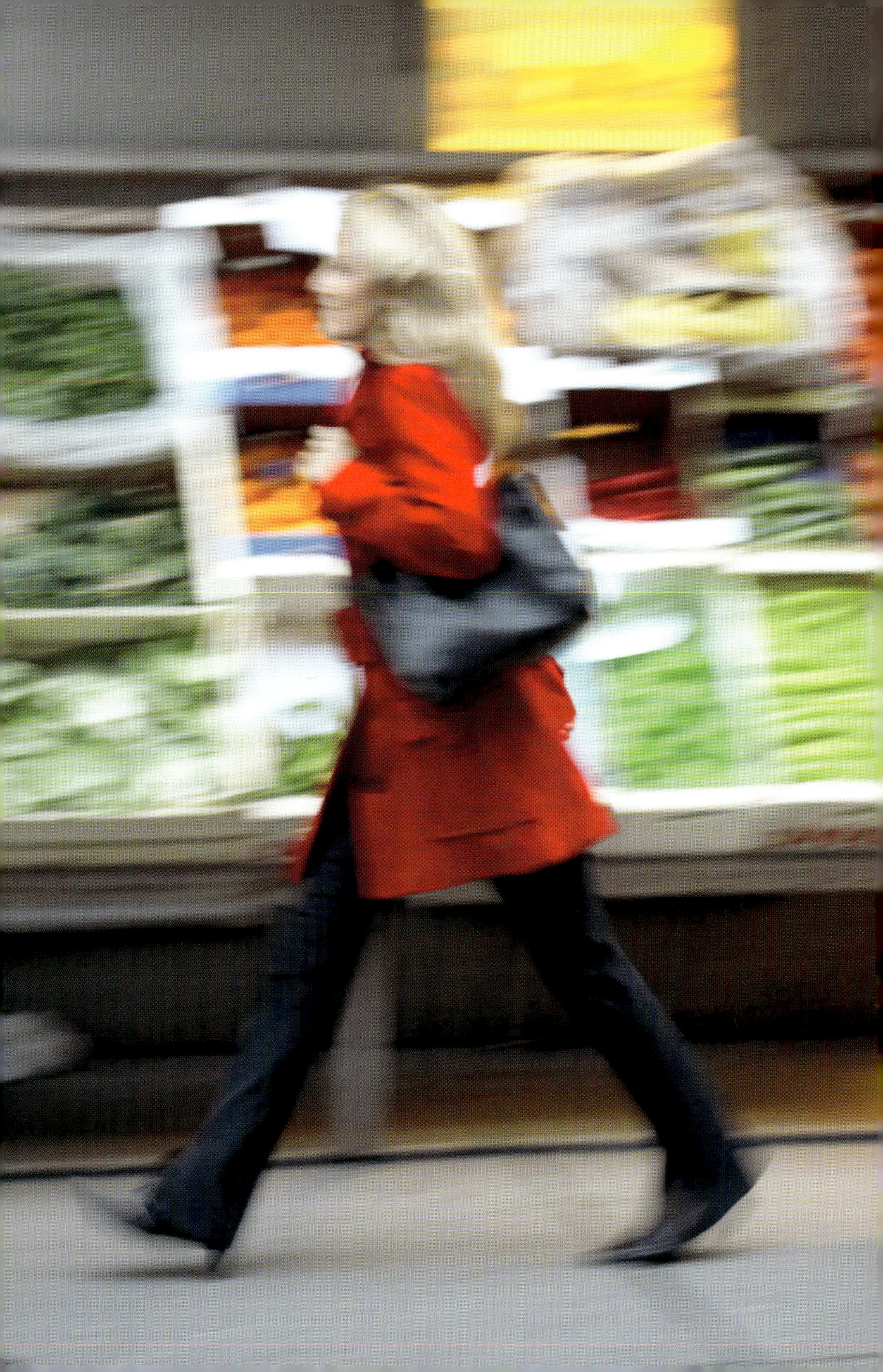

Eier
Thunfisch
one
Zwiebel
Kokosmilch
udeln

5 Min
vor Ladenschluss

Joghurt
Eier
Basilikum
Limette
Zwiebel
Thunfisch
Zitrone

Artischocken Clafoutis (Clafoutis aux artichauts)

Für 2 Personen
Protein: 10 g, GL: 6

Clafoutis ist eigentlich eine typisch französische Nachspeise, bei der Kirschen mit einer Eimasse übergossen und im Ofen gebacken werden. Hier ist eine pikante Version dieses Desserts, die gut mit einem Salat als Abendessen passt. Das Besondere daran: Geht ganz einfach und man hat die Zutaten meist schon in der »Speisekammer«.
Dazu benötigt man eine kleine, ofenfeste Form oder noch besser: für jede Person eine eigene, kleine Form.

AUS DER VORRATSKAMMER
150 ml Kokosmilch
2 Eier
1 EL Mehl
2 TL Butter
70 g Artischockenherzen
(aus dem Glas, abgetropft)
5–6 getrocknete Tomaten, abgetropft

5 MINUTEN VOR LADENSCHLUSS
evtl. ein paar Basilikumblätter

WERKZEUG
Brett, Messer
Schüssel, Schneebesen oder Gabel
kleine Schüssel
kleiner Topf
ofenfeste Form

1 Den Ofen auf 200 °C vorheizen.
2 Die Kokosmilch in einem kleinen Topf zusammen mit der Butter und einer Prise Salz heiß werden lassen.
3 Die Tomaten und die Basilikumblätter (in feine Streifen schneiden) sowie die Artischockenherzen fein hacken.
4 Die Eier gut verquirlen (dabei soll kein Schaum entstehen) und das Mehl gut unterrühren (damit keine Klumpen entstehen).
5 Die Kokosmilch unter die Eimasse rühren – dabei immer weiterrühren, damit die Eier nicht anfangen zu stocken.
6 Die Artischocken, Tomaten und das Basilikum unterrühren und mit Salz und Pfeffer würzen. (Achtung: wenig salzen, da eingelegte Artischocken und Tomaten meist schon recht salzig sind.)
7 In eine ofenfeste Form schütten (oder noch besser: in individuelle Formen) und im Ofen ca. 25 Minuten backen.

DAZU PASST: ein grüner Salat

VARIATION
Statt Artischocken, Tomaten und Basilikum kann man auch folgende Kombinationen versuchen:
- fein geraspelte Zucchini mit ein paar Minzblättern
- 1 Stück Ziegenkäse (ca. 50 g) mit getrockneten Tomaten
- eine Handvoll Kirschtomaten (in einer Schicht in die Form legen, nicht übereinander) mit fein gehacktem Salbei oder Basilikum

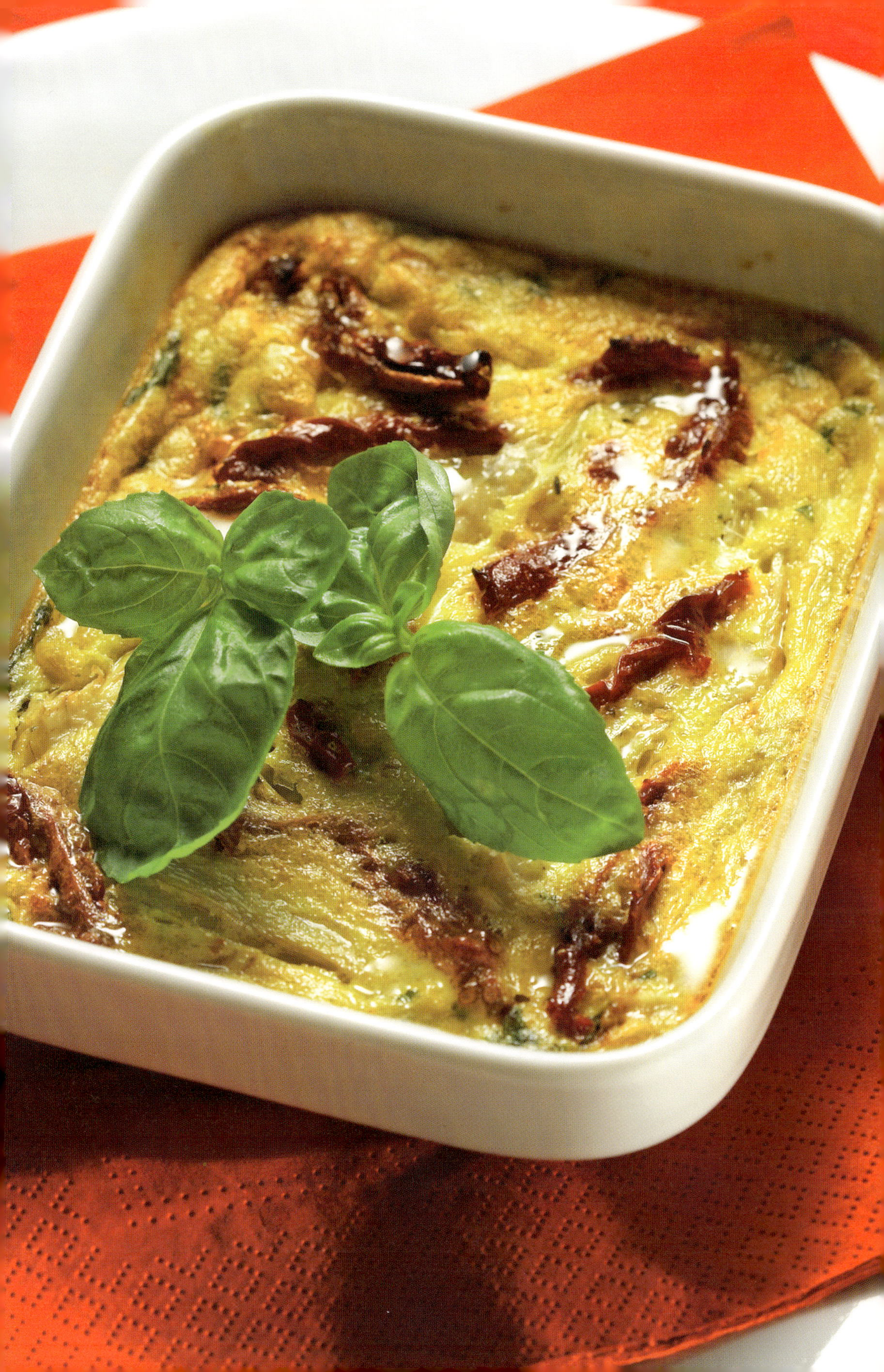

Bangkok-Straßen-Woknudeln

Für 2 Personen
Protein: 17 g, GL: 15

In Thailand werden sehr gerne schnelle Nudelgerichte aus dem Wok gegessen. Ein typischer Straßenverkäufer schafft es, ein solches Gericht in weniger als 1 Minute zu kochen! Für diese Menge brauchen Sie ein bisschen länger – geht aber trotzdem ganz schnell! Der Tofu nimmt hier den Geschmack des Eies an – so ist er auch für »Tofuanfänger« gut essbar.

AUS DER VORRATSKAMMER

75 g Reisnudeln
1 Stück fester Tofu (ca. 100 g, evtl. mariniert, z. B. asiatisch – gibt's fertig zu kaufen)
1 Ei
2 EL Cashew-Nüsse
1 EL Fischsauce
1 EL Sojasauce
2 TL geröstetes Sesamöl
1 Knoblauchzehe

5 MINUTEN VOR LADENSCHLUSS

3–4 Frühlingszwiebeln, quer in Stücke geschnitten
2 Handvoll Sojasprossen (= Mungbohnensprossen)
1 kleine Zucchini, in grobe Stifte geschnitten
1 Bund frischer Koriander, nach Geschmack
1 Limette

WERKZEUG

Schüssel
Messer, Brett
Wok (oder tiefe Pfanne)
Kochlöffel, Teller

1 Die Reisnudeln in einer Schüssel mit kochendem Wasser übergießen und ziehen lassen, bis sie »al dente« sind, ca. 10 Minuten.
2 Wok oder tiefere Pfanne heiß werden lassen. Ein wenig Öl (»einmal um die Pfanne« – ich nehme Olivenöl, auch wenn's ein asiatisches Gericht ist; man kann aber auch Kokosfett verwenden) in die Pfanne geben und den Tofu darin knusprig braten. Den Knoblauch dazugeben und kurz anbraten, dabei nicht braun werden lassen.
3 Das Ei in die Mitte der Pfanne schlagen und mit dem Kochlöffel schnell verquirlen, sodass »Rührei« entsteht.
4 Die Ei-Tofu-Knoblauch-Mischung an die Seite der Pfanne schieben. Die Nudeln mit ein wenig Öl dazugeben und kurz anbraten. Evtl. einen Schuss Wasser dazufügen, damit sie nicht ankleben.
5 Fischsauce und Sojasauce dazugeben und umrühren. Alles aus der Pfanne nehmen.
6 Zucchini, Frühlingszwiebeln, Koriander und Sojasprossen in die Pfanne geben und 1–2 Minuten anbraten.
7 Mit Sesamöl beträufeln und mit Limettensaft abschmecken. Den Rest wieder dazugeben und verrühren. Mit Salz abschmecken.
8 Auf 2 Teller verteilen und mit Cashew-Nüssen bestreut servieren.

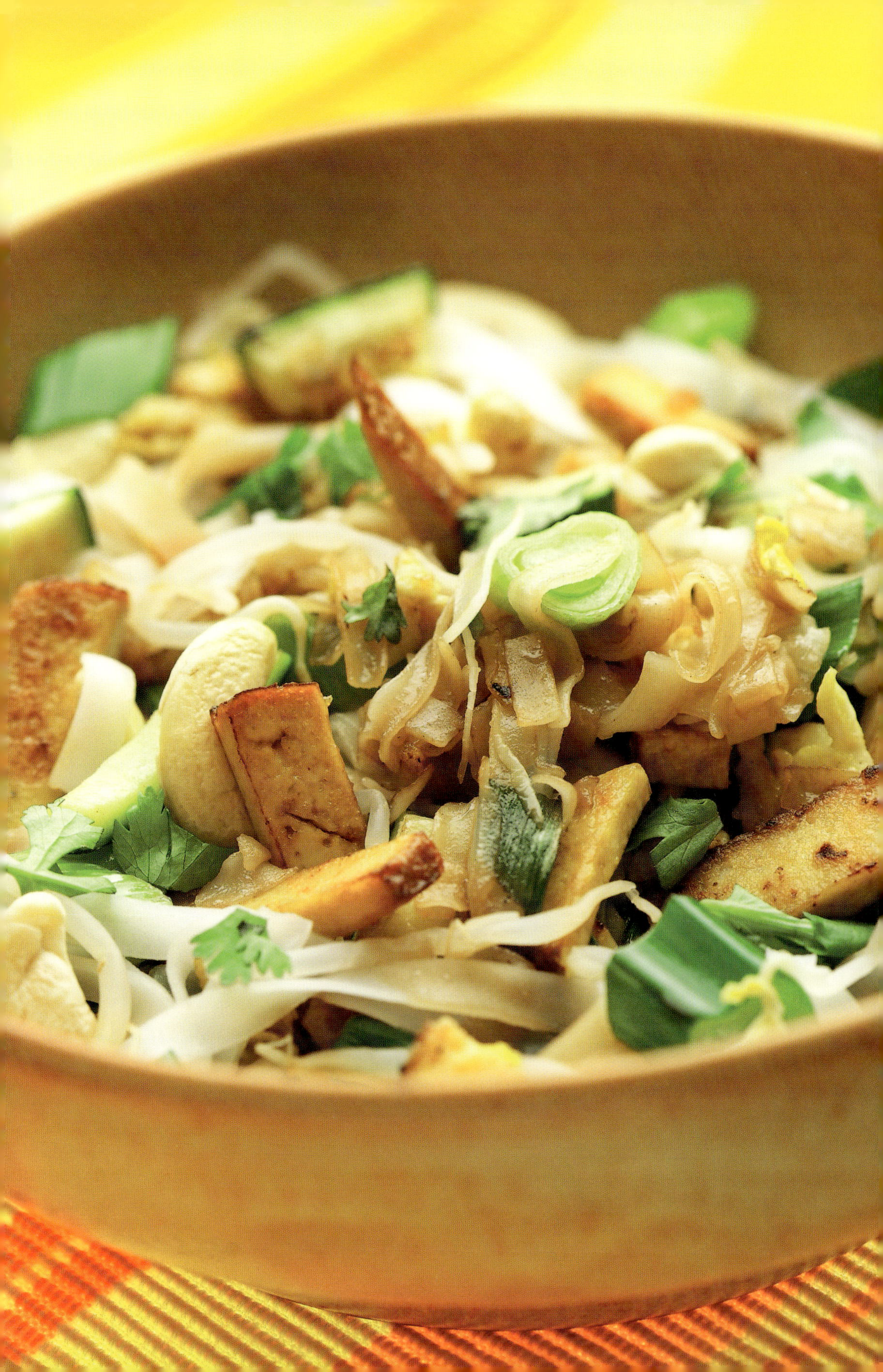

Birgits Ei-Fisch-Dings

Für 2 Personen
Protein: 29 g, GL: 7

Wenn es bei uns im Institut plötzlich mittags nach Thunfisch riecht, dann steckt da meist Birgit dahinter, die sich mit ihrer Lieblingsspeise – ihrem Ei-Fisch-Dings – Kraft für den Nachmittag holt. Und weil es wirklich so lecker ist und man es mit »Resten« aus dem Kühlschrank jederzeit variieren kann, gibt's hier gleich die doppelte Portion als schnelles Abendessen für 2 Personen. Wir machen es mit Makrelen oder Sardinen statt Thunfisch – das macht das Ganze noch gesünder und genauso lecker.

AUS DER VORRATSKAMMER
1 kleine Zwiebel, grob gehackt
3 Eier
1 Dose Makrelen oder Sardinen-Filets, abgetropft

5 MINUTEN VOR LADENSCHLUSS
1 halbe Stange Lauch, quer in Ringe geschnitten
2 Handvoll Cherrytomaten, halbiert oder 3–4 Tomaten, in Stücke geschnitten
1 roter Paprika, in Streifen geschnitten
evtl. 1 kleine Zucchini, in Stifte geschnitten
frische Kräuter, z. B. Petersilie, Schnittlauch oder Koriander

WERKZEUG
Messer, Brett
Pfanne
Kochlöffel

1 Gemüse mit ein wenig Olivenöl (»einmal um die Pfanne«) anbraten und so lange braten, bis es weich wird, ca. 5–7 Minuten.
2 Den Fisch unterrühren und mit dem Kochlöffel grob in Stücke zerteilen.
3 Die Eier darüberschlagen und mit dem Kochlöffel schnell verquirlen. Gut umrühren. Mit Salz und Pfeffer abschmecken.
4 Wenn vorhanden, mit frischen Kräutern bestreut servieren.

DAZU PASST: *ein Stück Brot*

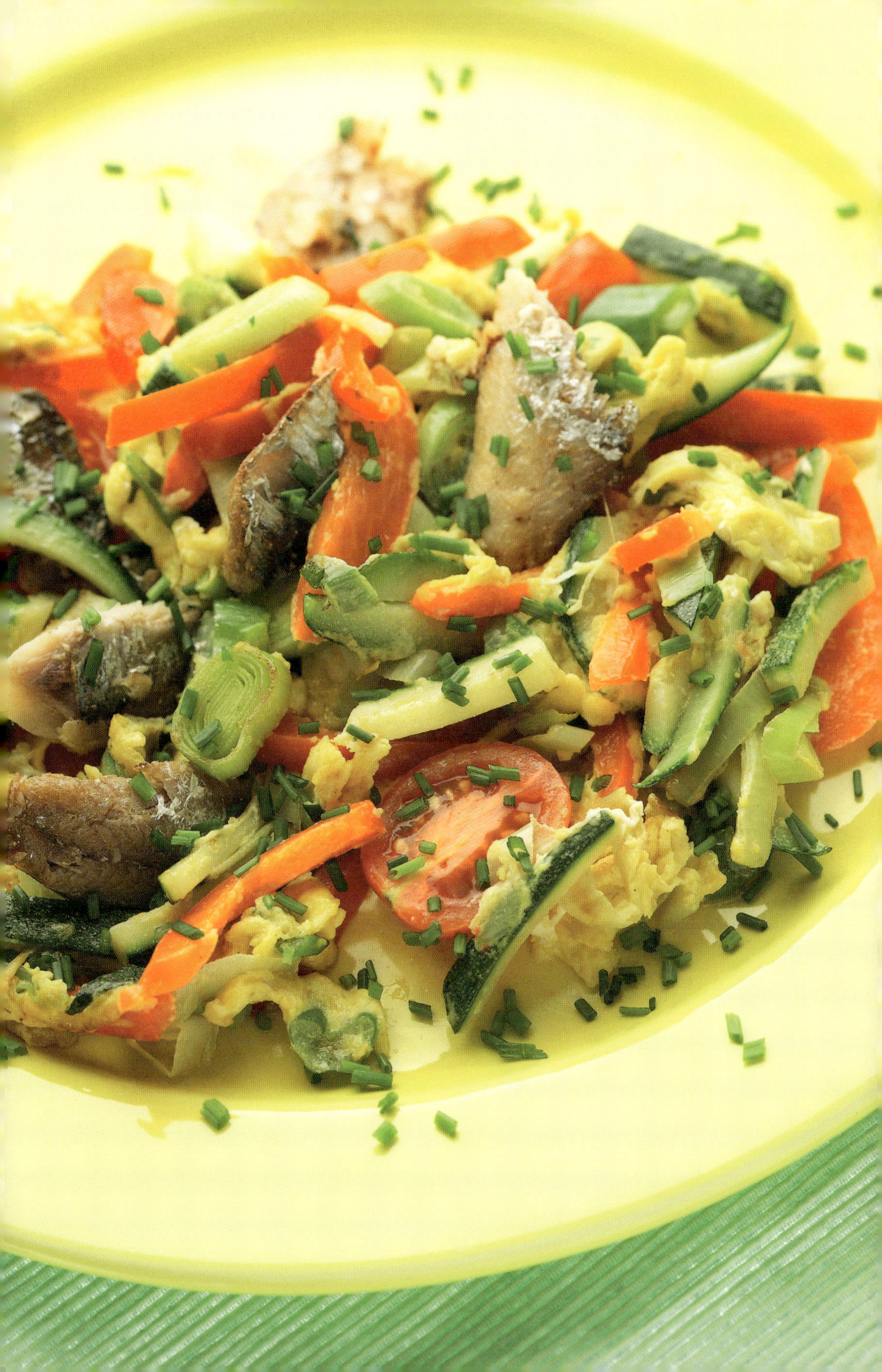

Chinesischer gebratener Reis

Für 2 Personen
Protein: 13 g, GL: 12

Geht ganz schnell und ist ideal, um Gemüsereste im Kühlschrank und gekochten Reis vom Vortag aufzubrauchen.

AUS DER VORRATSKAMMER
2 Handvoll gekochter, ungeschälter Reis
(ca. je 1 Faust pro Person)
2 Eier
1 TL Fünfgewürz
geröstetes Sesamöl

5 MINUTEN VOR LADENSCHLUSS
4 Handvoll gemischtes Gemüse,
z. B. Zwiebel, Lauch, Zucchini, Karotten, Kohl, Brokkoli etc. – oder irgendwelche Gemüsereste aus dem Kühlschrank
evtl. Petersilie und/oder Zitrone

WERKZEUG
Brett, Messer
Kochlöffel
Pfanne
Schüssel

1 Das Gemüse klein schneiden und nach und nach in einer Pfanne mit ein wenig Olivenöl (»einmal um die Pfanne«) anbraten – am besten mit dem Zwiebelgemüse (Zwiebel, Schalotten, Lauch) anfangen, das weitere Gemüse dazugeben, das ein wenig länger braucht (z. B. Brokkoli, Kohlgemüse …) usw.
2 Unter Rühren ein paar Minuten braten, bis das Gemüse fast gar, aber noch knackig ist. Salzen, pfeffern, das Fünfgewürz zugeben und gut umrühren.
3 Den Reis unterrühren und 1–2 Minuten weiterbraten, bis alles gut durchgemischt und der Reis erhitzt ist.
4 Die Eier in einer Schüssel mit einer Gabel verquirlen, salzen und pfeffern. Unter die Reismischung rühren, von der Herdplatte ziehen und weiterrühren, bis das Ei gestockt ist.
5 Nach Geschmack mit ein wenig Sesamöl beträufeln.
6 Mit gehackter Petersilie bestreuen oder mit ein wenig Zitronensaft abschmecken.

VARIATION
Statt der Eier kann man auch in Stücke geschnittenen Tofu unterrühren. Den Tofu evtl. noch vor dem Reis zum Gemüse geben und ein paar Minuten anbraten.

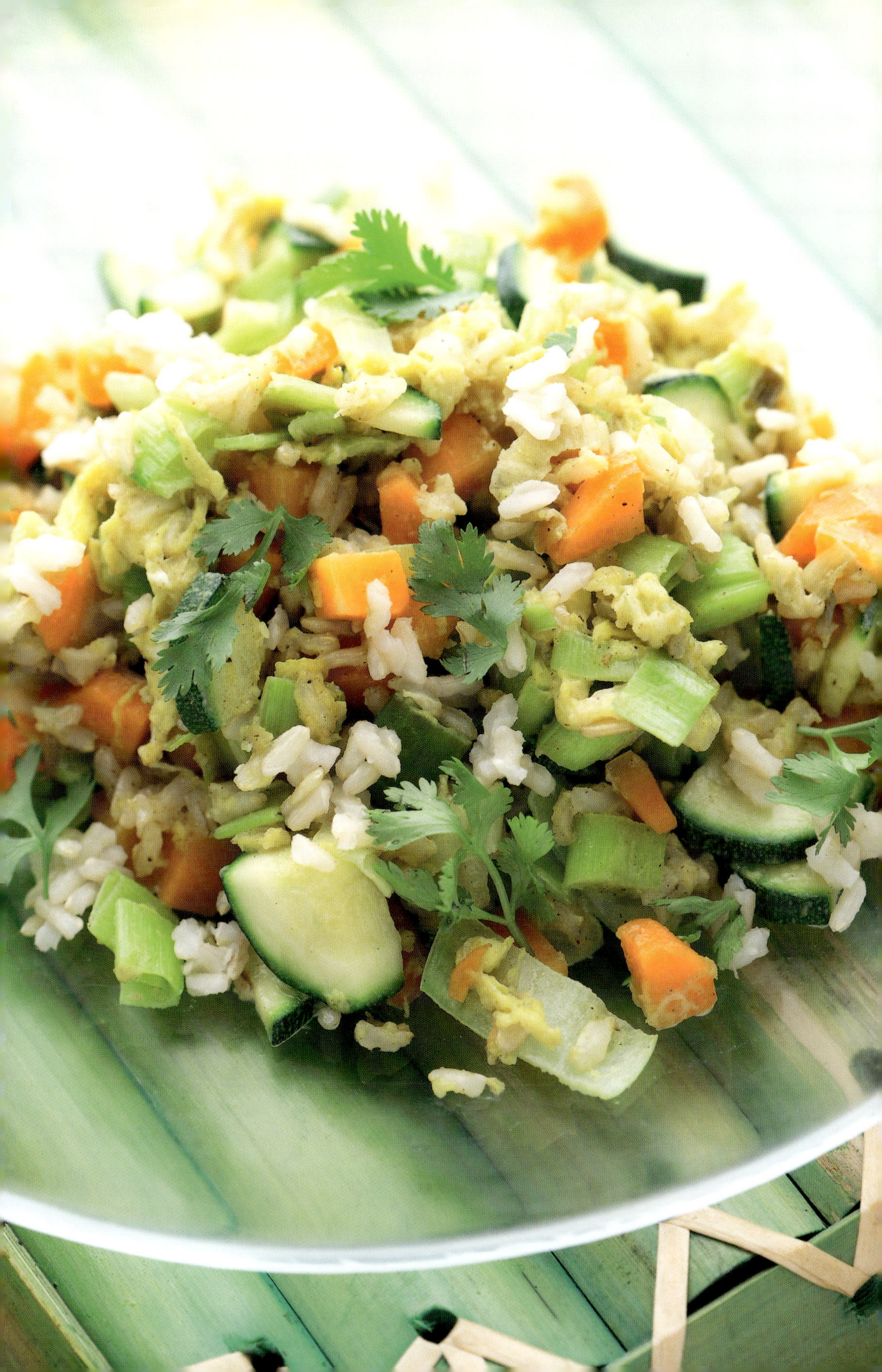

Couscous mit Shrimps

Für 2 Personen
Protein: 30 g, GL: 14

Schmeckt warm und kalt – man kann auch gut einen Teil als Abendessen warm essen und am nächsten Tag den zweiten Teil als Salat ins Büro mitnehmen.

AUS DER VORRATSKAMMER

150 g Vollkorn-Couscous
1 Knoblauchzehe, fein gehackt
1 kleines Glas Gemüsebrühe (oder Wasser mit Brühwürfel – möglichst vollbiologisch und ohne Geschmacksverstärker)
1 TL Currypulver

5 MINUTEN VOR LADENSCHLUSS

250 g Shrimps (vorgegart; wenn eingefroren, dann auftauen: Shrimps oder Garnelen sind gar, wenn sie nicht mehr bläulich, sondern schön rosa gefärbt sind)
1 Tomate, in kleine Würfel geschnitten
je 1 roter, 1 gelber und 1 grüner Paprika, entkernt und in Streifen geschnitten
evtl. Petersilie

WERKZEUG
Brett, Messer
Topf, Kochlöffel
evtl. Schüssel

1 Knoblauch in ein wenig Olivenöl (»einmal um den Topf«) in einem Topf andünsten, dann Currypulver und Tomatenwürfel dazugeben. Umrühren, mit Gemüsebrühe aufgießen und zum Kochen bringen.
2 Couscous und Paprika unterrühren. Vom Feuer nehmen und 7 Minuten ziehen lassen.

3a *WARME VARIATION*
Die Garnelen unterheben und dabei Couscous mit einer Gabel auflockern. Mit Salz und Pfeffer abschmecken und evtl. mit Petersilie bestreuen.

3b *KALTE VARIATION*
Olivenöl (ca. 3 EL) und Essig (am besten Weißweinessig, ca. 1 EL) gut verrühren und zusammen mit den Shrimps unter den abgekühlten Couscous rühren.

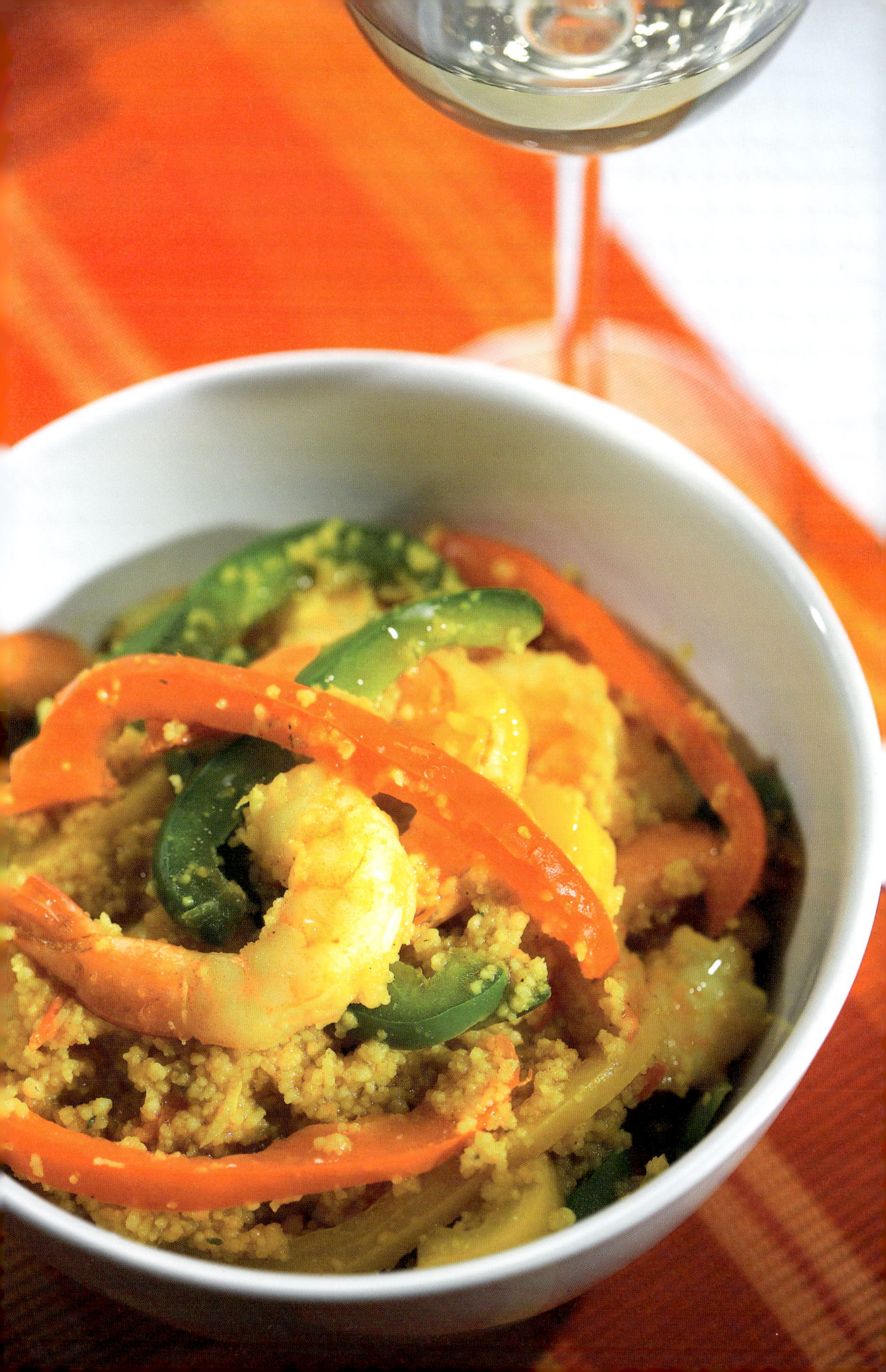

Einfache Hühnerbeine aus dem Ofen

Für 2 Personen
Protein: 48 g, GL: 15

Das Rezept ist sehr einfach, braucht aber ein bisschen länger im Ofen – daher vielleicht ideal fürs Wochenende, wenn man zwar zu Hause, aber nicht unbedingt schon am Verhungern ist.

AUS DER VORRATSKAMMER
3 mittelgroße Kartoffeln
½ Tasse Vinaigrette-Salatdressing: ¾ Olivenöl, ¼ Essig, Knoblauch, Salz, Pfeffer

5 MINUTEN VOR LADENSCHLUSS
2 Hühnerbeine
1 Stange Lauch, 1 Zucchini, 2 Karotten
oder 4 Handvoll anderes Gemüse, z. B. Paprika, Chinakohl, grüne Bohnen usw.

WERKZEUG
Brett, Messer
ofenfeste Form
Tasse oder kleine Schüssel

1 Backrohr auf 180 °C vorheizen.
2 Das Gemüse in Stücke schneiden, Hühnerbeine waschen und trockentupfen. Hühnerbeine salzen und pfeffern.
3 Das Gemüse in eine ofenfeste Form schichten und die Hälfte des Dressings darüberträufeln. Die Hühnerbeine darauflegen und das restliche Dressing darüberträufeln.
4 Im Ofen ca. 30 Minuten zugedeckt (z. B. mit Folie) braten, dann die Abdeckung entfernen und noch einmal 30 Minuten braten.

DAZU PASST: *ein grüner Salat*

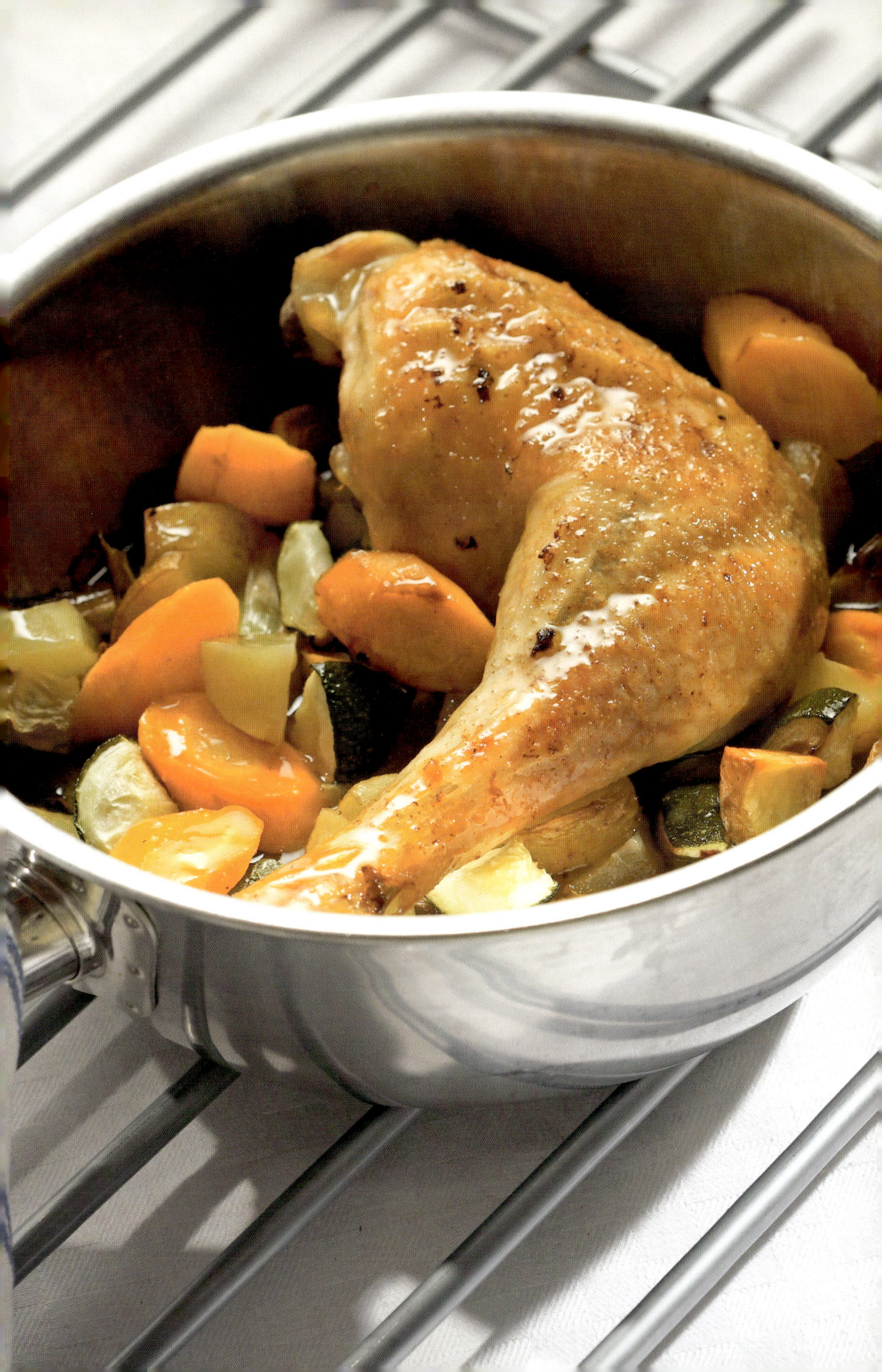

Grün-weißer Bohneneintopf

Für 2 Personen
Protein: 40 g, GL: 12

AUS DER VORRATSKAMMER

1 Dose weiße Bohnen
2 Knoblauchzehen, geschält und fein gehackt
2 Zwiebeln, grob gehackt
1 Glas Gemüsebrühe oder Wasser und Brühwürfel (möglichst vollbiologisch und ohne Geschmacksverstärker)
2 EL Tomatenmark
Muskatnuss

5 MINUTEN VOR LADENSCHLUSS

3 große Handvoll frischer Spinat oder ½ Packung gefrorener Blattspinat, gut abgetropft und fein gehackt
200 g magerer Schinken (oder Putenschinken), in Würfel geschnitten

WERKZEUG

Brett, Messer
Topf
Kochlöffel

1 In einem größeren Topf Zwiebeln und Schinken in ein wenig Olivenöl (»einmal um den Topf«) anbraten.

2 Wenn der Schinken ein wenig Farbe angenommen hat, den Knoblauch hinzufügen und 1 Minute weiterdünsten. Das Tomatenmark unterrühren.

3 Die Bohnen hinzufügen. Mit so viel Wasser oder Brühe aufgießen, dass die Bohnen knapp bedeckt sind – mit dem Brühwürfel würzen. 3–4 Minuten köcheln lassen.

4 Den Spinat unterrühren und einige Minuten köcheln lassen, bis die Bohnen erhitzt und der Spinat heiß (beim gefrorenen) bzw. welk (beim frischen) ist.

5 Mit Salz, Pfeffer und Muskat abschmecken.

VARIATION

Statt Spinat kann man einen kleinen Kopf Wirsing nehmen und statt Muskat mit einer Prise Kümmel würzen – den klein geschnittenen Wirsingkohl vor den Bohnen in den Topf geben. Wirsing muss ein bisschen länger kochen, bis er gar ist – ca. 5–7 Minuten dünsten lassen, bevor die Bohnen dazukommen.

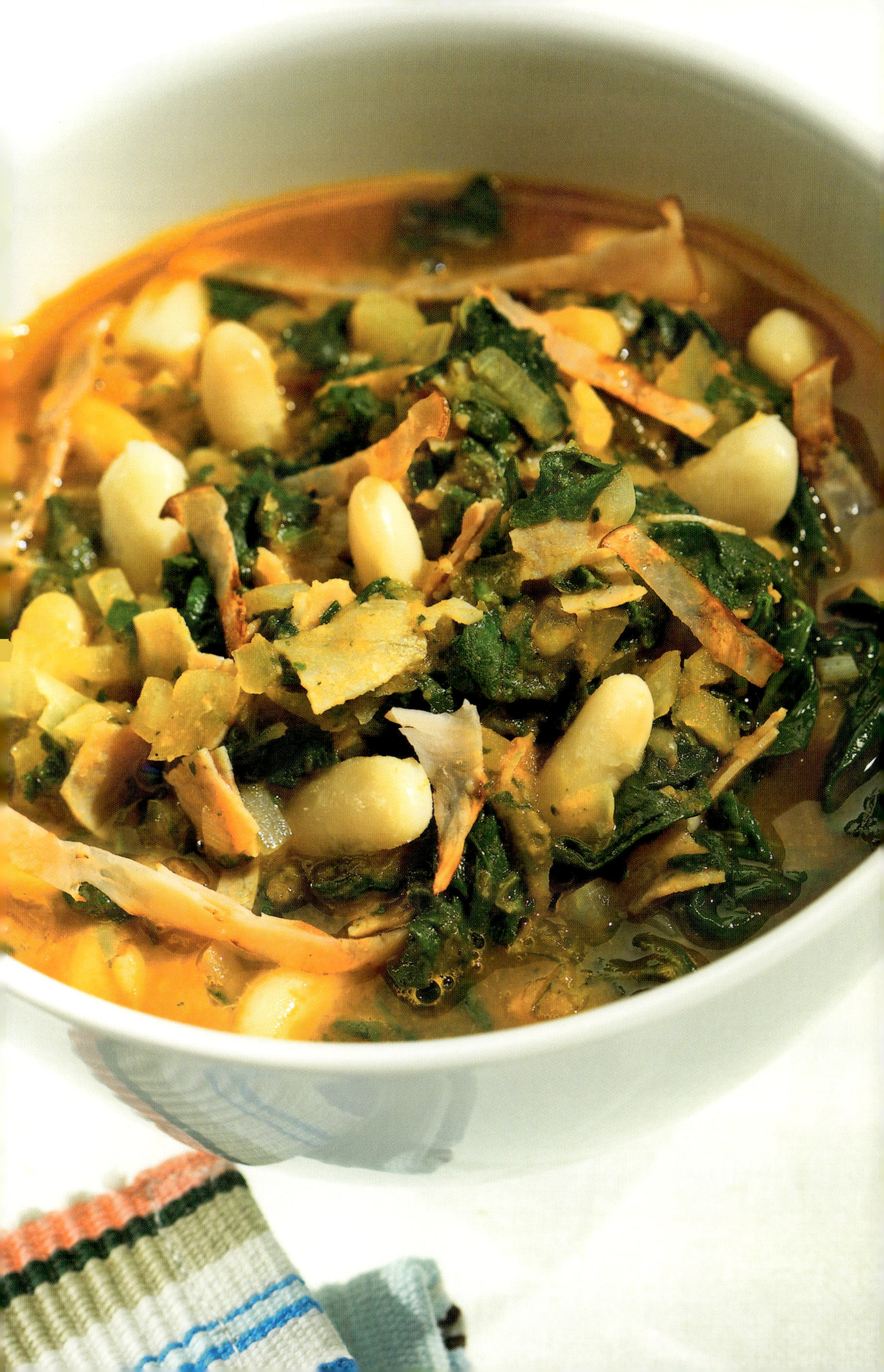

Kichererbsencurry mit Quinoa

Für 2 Personen
Protein: 10 g, GL: 15

AUS DER VORRATSKAMMER
1 Zwiebel
1 Dose oder ca. 250 g gekochte Kichererbsen
½ Dose Kokosmilch
1 EL Currypulver oder Garam Masala Gewürzmischung
½ Tasse Quinoa

5 MINUTEN VOR LADENSCHLUSS
1 Brokkoli (genug für 3 Fäuste Gemüse)
evtl. ein wenig Zitronensaft

WERKZEUG
Brett, Messer
Topf
Pfanne mit Deckel
Kochlöffel

1 Quinoa mit doppelt so viel Wasser und einer Prise Salz zum Kochen bringen. Ca. 10–15 Minuten kochen, bis der Quinoa »al dente« ist.

2 Die Brokkoliröschen abschneiden und in bissgroße Stücke zerteilen. Den Stiel großzügig schälen und den Rest diagonal in Stücke schneiden.

3 Die Zwiebel schälen und in bissgroße Stücke schneiden.

4 Die Zwiebel in ein wenig Olivenöl (»einmal um die Pfanne«) anbraten, dann den Brokkoli zugeben und weiterrühren. Ca. 2–3 Minuten.

5 Die Kichererbsen abspülen und abtropfen lassen und unterrühren. Das Currypulver unterrühren. 1–2 Minuten weiterbraten.

6 Die Kokosmilch zugeben, umrühren und zudecken. Die Hitze reduzieren und ein paar Minuten weiterköcheln lassen. Evtl. ein wenig Wasser zugießen, falls die Sauce verkocht.

7 Mit Salz, Pfeffer und Zitronensaft abschmecken und mit einer faustgroßen Menge Quinoa servieren.

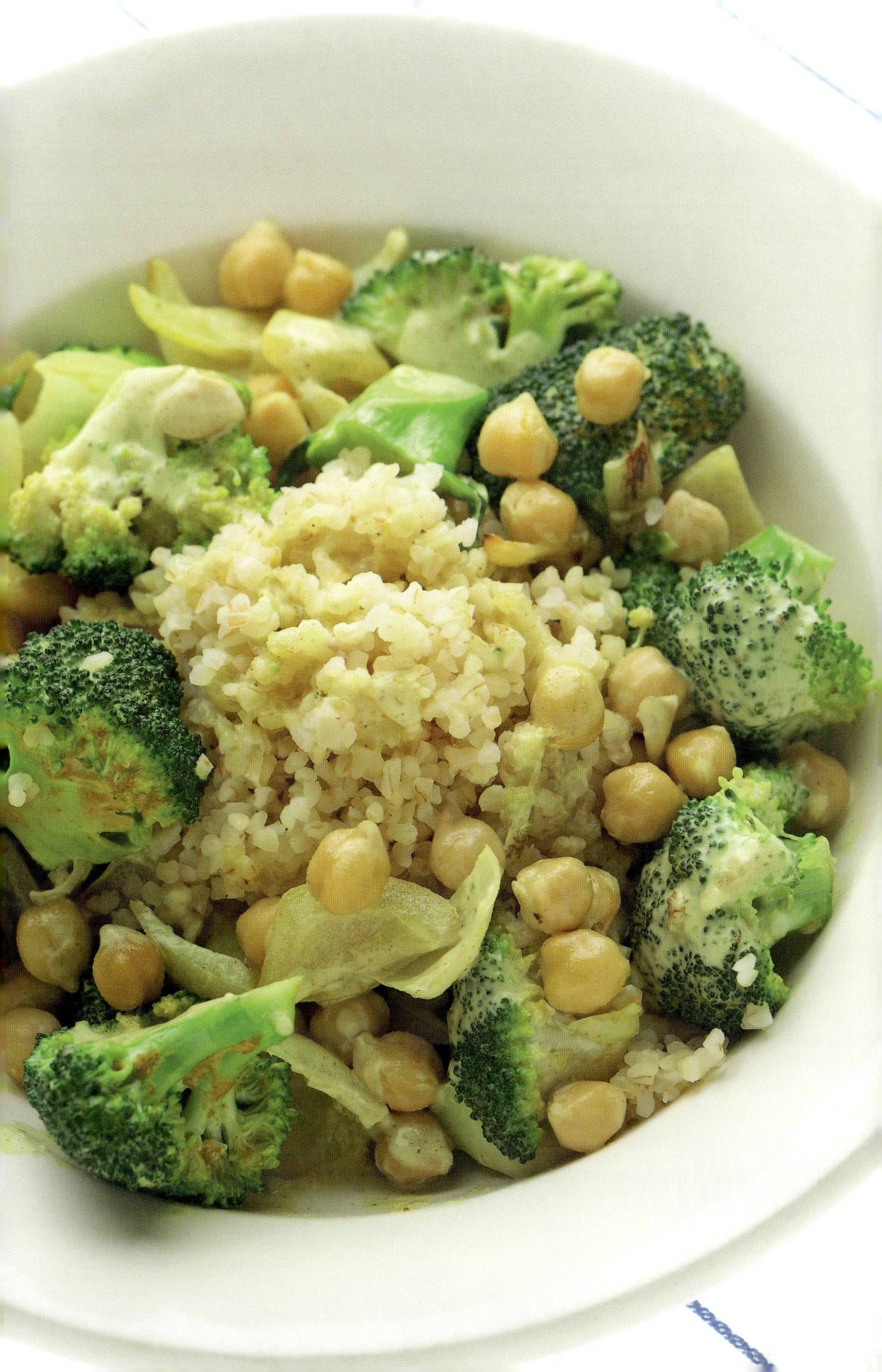

Mais-Thunfisch-Salat

Für 2 Personen
Protein: 25 g, GL: 13

AUS DER VORRATSKAMMER
1 Dose Thunfisch (abgetropft ca. 150 g)
1 Zitrone, unbehandelt

5 MINUTEN VOR LADENSCHLUSS
½ Tasse gefrorener Mais oder ein Maiskolben, die Körner mit einem scharfen Messer abgeschnitten (ca. 120 g)
1 roter Paprika, in kleine Würfel geschnitten
2 Karotten, in kleine Würfel geschnitten
4 Chicorée
1 Becher Magerjoghurt (oder ungesüßtes Sojajoghurt)

WERKZEUG
Topf
Reibe oder Zestenreißer
Schüssel
Brett, Messer

1 Ein wenig Wasser mit einer Prise Salz zum Kochen bringen und den Mais 2–3 Minuten gar kochen. Frischer Mais braucht ein bisschen länger. Abgießen.

2 Die Schale von der Hälfte der Zitrone reiben und fein hacken. Das Joghurt mit dem Saft einer halben Zitrone und der Zitronenschale in einer Schüssel verrühren, evtl. 1 EL Olivenöl darunterrühren. Mit Salz und Pfeffer abschmecken.

3 3 Chicorée quer in feine Streifen schneiden und mit dem Paprika und den Karotten unter das Joghurt rühren. Den abgetropften Mais und den Thunfisch unterrühren. Mit Salz, Pfeffer und evtl. Zitronensaft abschmecken.

4 Die Blätter vom vierten Chicorée zupfen und blütenblattförmig auf zwei Tellern auflegen. Je die Hälfte des Salates in die Mitte häufen.

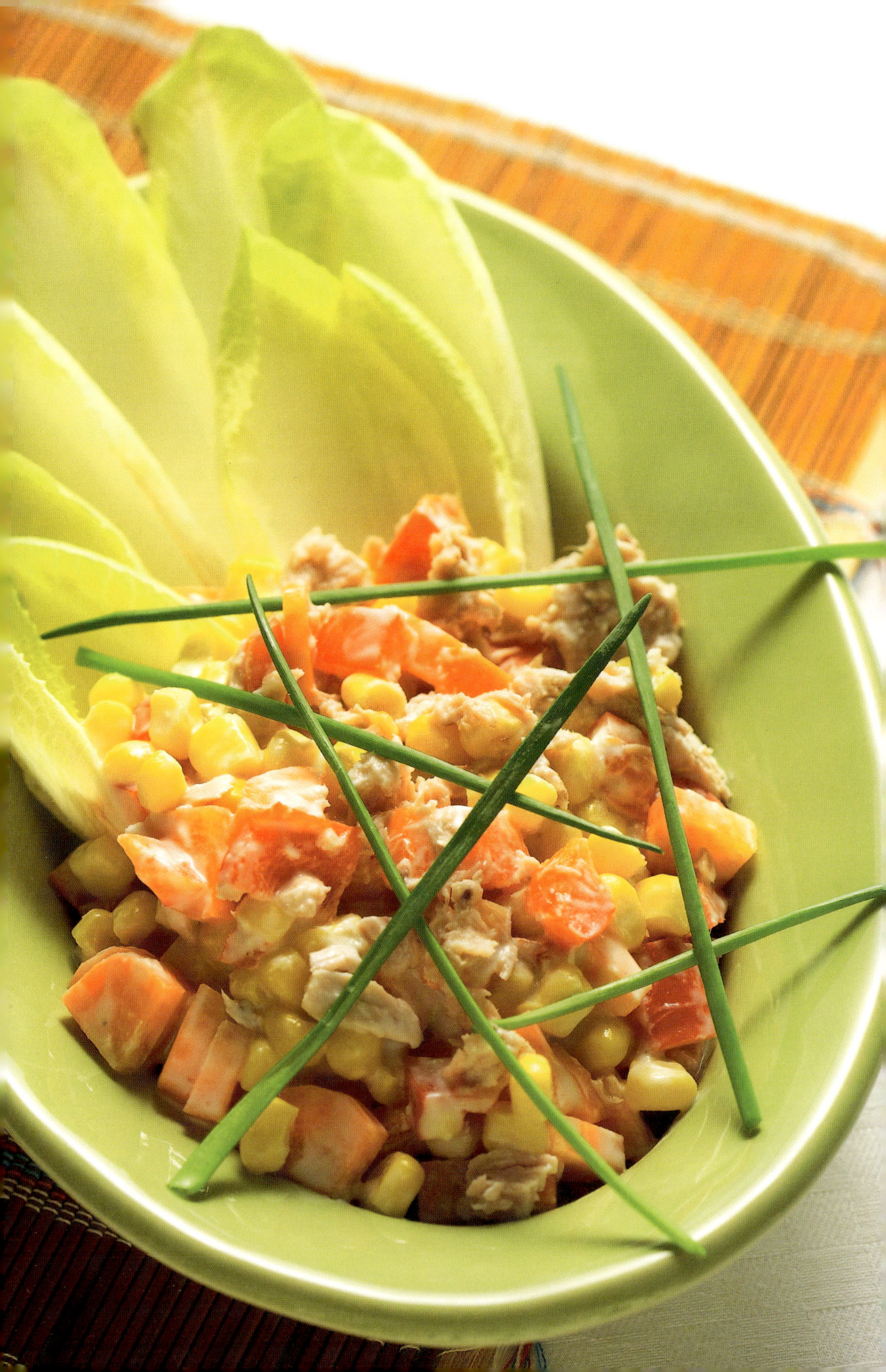

Schnelle Linsen-Tomaten-Cremesuppe

Für 2 Personen
Protein: 9 g, GL: 10

AUS DER VORRATSKAMMER

½ Tasse rote Linsen
1 Dose gewürfelte Tomaten
½ Dose Kokosmilch
1 große Zwiebel
Zitronensaft

WERKZEUG

Brett, Messer
mittelgroßer Topf

1 Die Zwiebel grob hacken und in ein wenig Olivenöl (»einmal um den Topf«) andünsten. Dabei nicht braun werden lassen.

2 Die gewaschenen Linsen dazugeben und mit 1–2 Tassen Wasser aufgießen. Tomaten und Kokosmilch dazugeben, umrühren und zum Kochen bringen.

3 10–15 Minuten kochen lassen, bis die Linsen weich gekocht sind. Mit Salz, Pfeffer und Zitronensaft abschmecken.

DAZU PASST: *ein kleines Stück Brot*

Schneller Dahl mit Gurkensalat

Für 2 Personen
Protein: 10 g, GL: 7

Dahl ist ein Linsengemüse, das in Indien zu den Grundnahrungsmitteln gehört. Die indischen Rezepte brauchen allerdings meist mehrere Stunden. Das hier ist eine einfachere und viel schnellere Variante. In Indien isst man Dahl mit Reis oder Weizenfladen – die Kombination mit Getreide erhöht die Eiweißwertigkeit der Linsen. Wir kombinieren es mit einem Stück Vollkornbrot oder ein wenig Couscous – wer mehr Zeit hat, kann natürlich auch (ungeschälten) Reis dazu kochen.

AUS DER VORRATSKAMMER
½ Tasse rote Linsen
½ Tasse Château-Linsen (oder ½ Tasse andere Linsen, die ohne Einweichen in 15 Minuten gar sind)
1–2 große Zwiebeln
1 TL Koriander (Samen)
1 TL Kreuzkümmel (= Mutterkümmel, Cumin)
½ TL Kurkuma

5 MINUTEN VOR LADENSCHLUSS
1 Gurke
½ kleiner Becher Joghurt (oder Sojajoghurt)
Saft von ½ Zitrone

WERKZEUG
Topf
Brett, Messer
Pfanne und evtl. Mörser
Kochlöffel
Schüssel

1 Die Linsen (beide Sorten zusammen) mit mehr als doppelt so viel Wasser aufsetzen und sprudelnd zum Kochen bringen. Die Hitze reduzieren und ohne Deckel 15–20 Minuten ganz weich kochen.
2 Wer ganze Gewürze verwendet, kann diese kurz in der trockenen Pfanne rösten und dann im Mörser zerkleinern. Sonst diesen Schritt auslassen.
3 Inzwischen die Zwiebeln würfeln und in ein wenig Olivenöl dünsten. Wenn die Zwiebeln glasig sind, die Gewürze dazugeben und bei kleiner Hitze weiterdünsten. Hin und wieder umrühren.
4 Die Gurke in kleine Würfel schneiden (wer mag, kann sie auch schälen), mit dem Joghurt verrühren und mit Salz, Pfeffer und ein wenig Zitronensaft abschmecken.
5 Die Linsen in die Pfanne mit den Zwiebeln geben, durchrühren und noch ein paar Minuten weiterdünsten lassen. Mit Salz, Pfeffer und ein wenig Zitronensaft abschmecken.
6 Die Linsen zusammen mit Gurkensalat auf zwei Teller verteilen.

DAZU PASST: *ein Stück Vollkornbrot, eine Faustgröße Couscous oder (ungeschälter) Reis*

Zwetschken-Zimt-Aufstrich

Pro 100 g
Protein: 10 g, GL: 6

ZUTATEN
150 g Magertopfen
2 EL Milch oder Mineralwasser
2 TL Zitronensaft
(1 TL Ahornsirup)
etwas Zimt
3–4 Dörrzwetschken
evtl. 1 EL Haselnüsse
eine Vanillestange (für etwas Vanillemark)

WERKZEUG
Brett, Messer
Schüssel, Gabel
Pfanne oder Backblech
Mixer

1 Den Topfen mit Milch bzw. Mineralwasser glatt rühren.
2 Die Haselnüsse (wenn verwendet) trocken in einer Pfanne unter Rühren ganz sanft anrösten oder bei 160 °C im Backrohr ein paar Minuten rösten, bis sie zu duften anfangen. Sie sollen dabei keine dunklen Stellen bekommen. Im Mixer zerkleinern.
3 Die Zwetschken entsteinen und fein hacken. Vanillestange der Länge nach halbieren und mit einem Messer etwas Mark herausschaben.
4 Haselnüsse, Zwetschken und etwas Vanillemark unter die Topfenmasse rühren. Mit Zitronensaft (und evtl. Ahornsirup) und Zimt abschmecken.

Tunesischer Linsenaufstrich

Pro 100 g
Protein: 7 g, GL: 3

ZUTATEN

1 Tasse Linsen
1 Zwiebel, fein gehackt
1 Lorbeerblatt
1 Knoblauchzehe
1 Stück Ingwer, fein gehackt
Saft von ½ Zitrone
1 EL Tomatenmark
2 TL Ras al Hanout-Gewürz (mehr oder weniger, nach Geschmack)

WERKZEUG

Brett, Messer
mittelgroßer Topf
Schüssel
Mixer oder Pürierstab

1 Zwiebel, Knoblauch und Ingwer fein hacken und in ein wenig Olivenöl (»einmal um den Topf«) andünsten – dabei keine Farbe annehmen lassen.

2 Die gewaschenen Linsen dazugeben und mit 2 Tassen Wasser aufgießen. Das Lorbeerblatt dazugeben, das Wasser zum Kochen bringen und die Linsen gar kochen, bis sie zerfallen, ca. 15 Minuten.

3 Lorbeerblatt entfernen, mit Zitronensaft, Tomatenmark, Ras al Hanout, Salz und Pfeffer abschmecken.

4 Mit dem Mixstab oder in einem Mixer pürieren.

Schnelle Makrelenpastete

Pro 100 g
Protein: 12 g, GL: 1

ZUTATEN

250 g geräuchertes Makrelenfilet, ohne Haut und Gräten
1 kleiner Becher Magerjoghurt
1 Zitrone, mit unbehandelter Schale
ein paar Zweige frische Petersilie

WERKZEUG

Brett, Messer
Schüssel, Gabel

1 Petersilie vom Stil zupfen und fein hacken. Ein wenig Zitronenschale abreiben, dann die Zitrone auspressen.
2 Restliche Gräten aus dem Makrelenfilet entfernen.
3 Makrelenfilet mit einer Gabel zerdrücken und mit dem Joghurt verrühren. Petersilie und ein wenig Zitronenschale unterrühren und mit Zitronensaft und Pfeffer abschmecken.

Thai-Tofu-Aufstrich

Pro 100 g
Protein: 9 g, GL: 2

ZUTATEN

ca. 200 g Tofu
2 mittelgroße Karotten, fein gerieben
1 halbe, kleine rote Zwiebel, fein gehackt
1 halber Bund frischer Koriander, fein gehackt
3 EL Erdnussmus
1 kleines Stück Ingwer, geschält und ganz fein gehackt
1 Limette
¼ TL Cayennepfeffer
2 EL Sojasauce

WERKZEUG

Brett und Messer
Küchenmaschine
Raspel
evtl. Zestenreißer

1 Einen Teil der Schale von der Limette reiben. Alle Zutaten außer Koriander mit der Limettenschale und dem Saft der halben Limette im Mixer pürieren. Evtl. 1–2 EL Wasser unterrühren, damit der Aufstrich cremiger wird.

2 Zum Schluss den fein gehackten Koriander unterrühren und mit Salz und Pfeffer abschmecken.

Walnuss-Ei-Aufstrich

Pro 100 g
Protein: 7 g, GL: 1

ZUTATEN

3 Eier
1 kleine Handvoll Walnusshälften
evtl. ¼ von einer kleinen Birne
2 Stangen Sellerie
½ TL Paprikapulver
2 EL Joghurt oder Sojajoghurt

WERKZEUG

Brett, Messer
Topf

1 Eier hart kochen (ca. 10 Minuten), mit kaltem Wasser abschrecken, schälen und mit der Gabel zerdrücken.
2 Inzwischen Walnüsse und Sellerie möglichst fein hacken. Birne schälen, entkernen und ganz fein scheiden.
3 Alle Zutaten miteinander verrühren und mit Salz und Pfeffer abschmecken.

Glossar

UNTERSCHIEDLICHE BEZEICHNUNGEN IN DEUTSCHLAND UND ÖSTERREICH

Nahrungsmittel sind regional verschieden, und das ist wunderbar. Das macht es aber umso schwieriger, ein Buch über Ernährung zu schreiben, das nicht nur in einem kleinen Teil Europas aktuell ist. Ich bin in Österreich geboren und aufgewachsen, habe allerdings auch deutsche Verwandtschaft und bin daher mit den Blumenkohl-/Karfiol-Diskussionen bestens vertraut.

Dieses Buch wurde in Österreich geschrieben und verwendet die österreichischen Begriffe für Lebensmittel – damit aber auch andere wissen, wovon die »Ösis« da eigentlich reden, und im Supermarkt nicht vergebens nach Zutaten suchen, nachstehend eine Liste der deutschen Äquivalente.

Österreich	Deutschland
Dörrzwetschke	Dörrpflaume
Fisolen	grüne Bohnen
Karfiol	Blumenkohl
Karotten	Möhren, gelbe Rüben
Kohlsprossen	Rosenkohl
Krautkopf	Kohlkopf
Kren	Meerrettich
Lauch	Lauch/Porree
Marille	Aprikose
Maroni	(Edel-)Kastanien
Melanzani	Aubergine
Orange	Apfelsine
Polenta	Mais-Grieß
Rote Rüben	Rote Beete
Sauerrahm	Saure Sahne
Schlagobers	Schlagsahne, süße Sahne
Semmel	Brötchen
Semmelbrösel	Paniermehl
Topfen	Quark
Weißkraut	Weißkohl

Index

Apfel 70, 131
Artischocken Clafoutis 164
Artischockenherzen 102, 164
Asiatische Lachswürfel 122
Avocado 68, 72, 88
Bananen 32, 66, 100, 143
Bangkok-Straßen-Woknudeln 166
Birgits Ei-Fisch-Dings 168
Birne 98
Blattspinat 34, 38, 46, 56, 80, 102, 104, 176
Bohnen, weiße 50, 176
Brathuhn 156
Brokkoli 38, 50, 120, 128, 152, 170, 178
Brokkoli aus der Pfanne 128
Buchweizennudeln 120
Bulgur 44, 54
Bulgursalat mit Thunfisch 44
Caprese Toast 62
Cashew-Nüsse 166
Champignons 134, 147
Chicorée 70, 180
Chicken-Coleslaw 138
Chili-Knoblauch-Rindfleisch-Wok
    mit Fisolen 116
Chili-Limetten-Hühnerspieße 76
Chinesischer gebratener Reis 170
Cobb Salad 68
Couscous, Vollkorn 172, 183
Couscous mit Shrimps 172
Curry-Hühner-Salat 70
Curry-Kürbisgemüse 159
Dijon-Estragon-Huhn 142
Dörrzwetschken 136, 184
Eier im Nest 96
Eiersalat mit Kapern und Oliven 42
Einfache Hühnerbeine aus dem Ofen 174
Einfaches Brathuhn mit Zitronenkartoffeln 156
Emmentaler 46
Entenbrust 154
Erbsen, grüne 45
Erbsenkücherl 45
Erdbeeren 32
Erdbeerjoghurt mit frischer Minze 32
Fajitas 86
Fenchel 92
Fenchelsalat 93
Feta-Käse 34, 45, 80, 82, 84, 108
Fischfilet 110
Fischsuppe mit Mais 78
Fisolen 74, 108, 116

Fisolen-Feta-Eintopf 108
Forellenfilets 56
Gebratene Entenbrust 154
Gebratene Selleriescheiben 71
Gebratener Lachs 71
Gebratene Topinamburscheiben 160
Gedämpfter Mangold 129
Geröstete Hühner-Paprika-Suppe 144
Gerösteter Fenchel 92
Geschmorte Gurke 58
Geschmortes Huhn Cacciatore 124
Geschnetzeltes auf gesunde Zürcher Art 147
Glasnudeln 40
Grapefruit 56
Grüner Ofenspargel 52
Grün-weißer Bohneneintopf 176
Haferflocken 101, 136
Haselnüsse 101, 184
Heidelbeeren 66
Herbstlicher Entgiftungssalat 101
Himbeeren 66
Huhn-Avocado-Wrap 72
Hühnerbeine 124, 143, 144, 174
Hühnerbrust 38, 68, 70, 72, 86, 106, 138,
    142, 147
Hühnercurry mit Banane 143
Hühnersalat mit Koriander und Minze 38
Ingwer-Linsen-Suppe mit Chinakohl 146
Kalbfleisch 146
Kaninchen-Eintopf 126
Kaninchenkeulen 126
Karfiol 57, 114
Karfiolsalat 57
Karotten 70, 83, 104, 110, 118, 126, 131, 138, 143,
    146, 152, 170, 180, 186
Kartoffeln 46, 56, 74, 78, 102, 112, 126, 154, 156, 174
Kartoffel-Spinat-Gratin 46
Kichererbsen 178
Kichererbsencurry mit Quinoa 178
Kohlmus 158
Kokos-Mango-Pfirsich-Joghurt 64
Krautfleckerl 148
Krautkopf (Weißkraut) 148, 158
Kürbis 159
Lammfleisch 54
Lammklößchen auf Karotten 54
Lachs, geräuchert 36
Lachsfilet 71, 78, 122, 152
Lachsrührei 36
Lauch 78, 110, 126, 142, 143, 147, 152, 168, 170, 174

189

Index

Linsen   104, 140, 146, 182, 185
Linsensalat mit Papaya und Ingwer   140
Linsensalat mit Pilzen und Spinat   104
Mais   78, 180
Mais-Thunfisch-Salat   180
Makrelen   168, 186
Mango   64, 88
Mango-Avocado-Salat   88
Mangold   112, 129
Marillen   32
Marillen, getrocknet   136
Melonen-Bananen-Shake   66
Minestrone di Verdure mit Pesto   50
Mozarella   62
Müsli mit Weintrauben   101
Oliven   42, 44, 74, 80, 106, 124, 126
Orientalischer Fischeintopf mit Zitrone   110
Papaya   140
Paprika   42, 44, 76, 82, 86, 114, 120, 124, 140, 144, 150, 168, 172, 180
Pasta   50, 83
Pilze   104, 112
Pinienkerne   48, 52
Pfirsich   64
Polenta   100
Polenta mit Bananen und Kardamom   100
Porridge mit getrockneten Früchten   136
Putenbrust   82, 83
Quinoa   48, 178
Radieschen   40
Reis   83, 112, 150, 170
Reisnudeln   83, 166
Rindfleisch   116
Roquefortkäse   68
Rote Rüben   90, 102
Rotes thailändisches Curry mit Lachs   152
Rucola   56, 80
Rucola-Grapefruit-Salat und Forelle   56
Salade Niçoise   74
Salami   134, 150
Salami-Omelett   134
Salat   38, 68, 72, 74, 106, 114, 148, 154
Salat mit gegrilltem Balsamico-Huhn   106
Salatgurke   40, 44, 58, 72, 140, 156, 183
Sardellen   74
Sardinen   168
Schinken   176
Schnelle Linsen-Tomaten-Cremesuppe   182
Schneller Dahl mit Gurkensalat   183

Schnelle Makrelenpastete   186
Schnelles Rote-Rüben-Gemüse   90
Schnelle Sommerpasta   80
Sellerie   50, 70, 78, 114, 118, 126, 130, 131, 150, 187
Selleriesalat   131
Shiitake-Pilze   120
Shrimp Gumbo   150
Shrimps   40, 150, 172
Sojaschnetzel   118
Spaghetti, Vollkorn   80
Spargel   48
Spargel, grüner   52
Spargel-Quinotto   48
Speck   52, 68, 78
Spinat-Feta-Omelett   34
Spinat-Paprika-Frittata   82
Steaks   112
Steak mit Mangold-Pilz-Gemüse   112
Süßkartoffeln   91
Süßkartoffeln aus dem Ofen   91
Tee, grüner   120
Thai-Tofu-Aufstrich   187
Thunfisch   44, 56, 74, 114, 180
Thunfischauflauf   114
Tofu   48, 120, 166, 170, 186
Tomaten   48, 62, 68, 72, 74, 83, 84, 93, 96, 104, 108, 124, 148, 172, 182
Tomaten, getrocknet   106, 164
Tomatencurry mit Pute   83
Topinambur   154, 160
Tortilla   72, 86
Tunesischer Linsenaufstrich   185
Vegetarisches Gemüse-Gulasch   118
Vietnamesischer Glasnudelsalat mit Shrimps   40
Walnüsse   98, 100
Walnuss-Ei-Aufstrich   187
Warmer Zuckerschotensalat mit Feta   84
Warmes Birnenmüsli   98
Wassermelone   66
Weißkraut   138
Weintrauben   101
Wirsing   176
Woknudeln für ein langes Leben   120
Ziegenfrischkäse   52, 164
Zuckerschoten   40, 50, 84
Zucchini   50, 83, 114, 118, 134, 143, 164, 166, 168, 170, 174
Zwetschken-Zimt-Aufstrich   184

Danksagung

Ich bin zwar das Gesicht am Cover und im Fernsehen, aber hinter all unseren Projekten steckt so unendlich viel Arbeit, dass ich das nie ohne mein sensationelles Team schaffen würde. Ich kann gar nicht oft genug »danke« sagen – denn was täte ich ohne euch!

Birgit Lemmerer, ohne die unsere großen Projekte undenkbar wären. Mein Fels in der Brandung, die alles durchsteht und immer dann Ruhe bewahrt, wenn ich sie verliere – und umgekehrt ☺. Cordula O'Mahony, die mir den Rücken frei hält, Ursula Pabst, seit der ersten Stunde dabei und unser »Star« im Institut, Heidemarie Fuchs und Angelika Dangl, die so zur Familie gehören, als wären sie schon immer dabei gewesen. Claudia Heiss, die Frau mit der größten Geduld der Welt, immer zuvorkommend und guter Dinge und die gute Seele des Instituts. Margit Weichselbraun, die mitdenkt, vorausplant und recherchiert – unerlässlich bei den vielen Projekten, die betreut werden müssen. Friederike Krimbacher, die für Ordnung in unserem finanziellen Leben sorgt. Nicht zu vergessen unsere Praktikantinnen, die die meisten Rezepte in diesem Buch berechnet und probegekocht haben (wobei die eine oder andere ihre Liebe zum Kochen entdeckt hat ...): die Studentinnen der Ernährungswissenschaften Marianne Tischler, Anna Brandtner, Anna Manauschek und Marlene Schöggl.

Danke vor allem auch an Thomas Maria Laimgruber für die sensationellen Fotos! Und an Claudia Stockinger, die für die Grafik des Buches verantwortlich ist – erst die Arbeit dieser beiden lässt das Buch so schön werden. Dank an den Ueberreuter Verlag, insbesondere an Alfred Schierer, der immer »cool« bleibt, wenn ich mal wieder eine Abgabefrist verpasse, und an Marie-Therese Pitner für das Lektorat. Natürlich auch an ATV, die mich und das Buch tatkräftig unterstützen.

Ein großes Dankeschön an Dr. Irene Oesch-Hayward, eine gute Freundin und Hobbyköchin, von der sich auch einige Haubenköche ein paar Tricks abschauen – sie hat einige tolle Rezepte für dieses Buch entwickelt, die perfekt dazupassen: einfach, köstlich und gesund!

Das Buch ist meinen Eltern gewidmet, denn sie waren immer das beste Vorbild, das man als Kind haben kann, um »gesunde« Ernährung in den Tagesablauf einzubauen – ich kenne niemanden, der so schnell so gut kochen kann wie meine Mutter und es dabei so unkompliziert aussehen lässt. Mein Vater hat den größten privaten Biogemüsegarten, den ich kenne, und so gab's bei uns immer die frischesten und vor allem auch verschiedensten Gemüse auf dem Tisch. Meinen Ansatz zum Kochen und zur Ernährung habe ich von meinen Eltern gelernt – und erst wenn ich sehe, wie andere Kinder erzogen und ernährt werden, weiß ich, wie dankbar ich sein kann.

Sasha Walleczek

Die als Host der ATV-Sendungen »Du bist, was du isst« und »Sasha Walleczek isst anders« bekannte Ernährungsexpertin und Bestseller-Autorin betreibt in Wien ihr eigenes Institut für Ernährungsberatungen. Gemeinsam mit ihrem Team beschäftigt sie sich unter anderem mit Gewichtsmanagement-Programmen, Ernährung bei Kindern und Jugendlichen sowie Ernährungsberatung zur Vorbereitung auf die Schwangerschaft.

Ein weiterer, wichtiger Schwerpunkt ist die Entwicklung von Ernährungsstrategien für Stressmanagement und zur Leistungsoptimierung im Beruf sowohl von Seiten des Betroffenen als auch von Seiten des Unternehmens. Außerdem hält Frau Walleczek zu den verschiedensten Themen Vorträge und leitet Seminare und Workshops, sowohl öffentlich als auch in Unternehmen.

www.walleczek.at

Info und Downloads zum Buch:
www.diewalleczekmethode.com